The Science of Superheroes
超级英雄中的科学

[美] 马克·布瑞克（Mark Brake） 著

李 湛 译

超级英雄文化已经渗透到我们的生活中，超人、钢铁侠、蜘蛛侠、绿巨人等超级英雄以令人难以置信的超能力吸引了全球各地的粉丝。但是，你有想过超级英雄的合理性吗？他们的超能力有没有科学依据？本书深度挖掘了超级英雄背后的科学奥秘，从超人那超越物理定律的飞行能力到钢铁侠高科技战衣的精密构造，从蜘蛛侠超凡的蜘蛛感应和在城市中自如穿梭的非凡技巧到绿巨人变身时生物力学的极限挑战。本书将带你走进一个既熟悉又新奇的超级英雄世界，让你在惊叹之余，也能领略到科学的无限魅力。

The Science of Superheroes/by Mark Brake /ISBN: 978-1-63158-211-0

Copyright © 2018 by Mark Brake.

Published by arrangement with Skyhorse Publishing through Andrew Nurnberg Associates International Limited

All rights reserved.

此版本仅限在中国大陆地区（不包括香港、澳门特别行政区及台湾地区）销售。未经出版者书面许可，不得以任何方式抄袭、复制或节录本书的任何部分。

北京市版权局著作权合同登记　图字：01-2021-0624号。

图书在版编目（CIP）数据

超级英雄中的科学 /（美）马克·布瑞克（Mark Brake）著；李湛译. -- 北京：机械工业出版社，2024.11. -- ISBN 978-7-111-76863-0

I. Z228

中国国家版本馆 CIP 数据核字第 2024GD3791 号

机械工业出版社（北京市百万庄大街22号　邮政编码100037）
策划编辑：蔡　浩　　　　　责任编辑：蔡　浩
责任校对：梁　园　陈　越　　责任印制：李　昂
河北宝昌佳彩印刷有限公司印刷
2025年1月第1版第1次印刷
180mm×230mm・13印张・161千字
标准书号：ISBN 978-7-111-76863-0
定价：78.00元

电话服务　　　　　　　　网络服务
客服电话：010-88361066　机　工　官　网：www.cmpbook.com
　　　　　010-88379833　机　工　官　博：weibo.com/cmp1952
　　　　　010-68326294　金　　书　　网：www.golden-book.com
封底无防伪标均为盗版　　机工教育服务网：www.cmpedu.com

给詹姆斯

"跟我来,儿子。
当你挣脱了地球对你的束缚,
在时空中遨游时,
你的力量将远超凡人。"
——《超人归来》

前言 PREFACE

关于超级英雄的科幻作品天马行空，充满了神奇的想法。无论是漫画书还是电影，超级英雄的故事都为我们呈现了一系列令人困惑、充满矛盾的主题：非凡的力量和隐藏在面具下的反派，犯罪和超级邪恶，进化和变异，宇宙神话，以及交替的时间线。而这些还只是其中一部分例子！若再深入思考一下，我们就可以将超级英雄的故事分为四个大的主题：空间、时间、机器和怪物。每一个主题都在探索超级英雄的故事与现实科学之间的关系。而在这种关系之下，还有一个更深层次的潜在主题，那就是，在这个不断进化的宇宙中，人类如何与科学技术中非人文的本质相关联。仔细研究这些主题，你就可以理解本书的结构。

空间

超级英雄故事中的空间主题通常会描绘自然界的某个方面，例如《雷神托尔》中北欧神话的九大领域以及这个系列中出现的无数外星生物，这些主题可以被看作是动漫版的大自然。外星生物没完没了地入侵地球以及飞行和运动的物理学原理等也属于这一主题。

时间

这个主题讨论的是关于人类状态的变化，这种变化一般是由某种长期的过程逐渐衍生来的，比如人类进化。关于时间主题的故事往往侧重于历史辩证法，因此，在这里会出现交替的时间线和进化的寓言故事，例如永生、海王的进化以及后人类时代超人的故事《美国队长》。

机器

所有的科幻小说里都挤满了机器，关于超级英雄的故事也不例外。机器的故事涉及许多人机相关的主题，例如像赛博格那样的增强型人类，以及超级武器，例如钢铁侠的战衣和美国队长的盾牌。

怪物

怪物主题讲述的是以某种形态隐藏在人类中的非人类的故事，例如变种人和怪物。在这些故事中，常常会有某种能够引起变化的力量导致人类变异成为非人类，例如发生核灾难。正是在这一主题中，我们常常会遇到通过基因重组而改造人类的相关问题。当然，正如无数超级反派的案例所证实的那样，怪物也是可以被击败的。

把科幻小说想象成人类与非人类的对抗，这个说法足够优雅且透彻。在这里，我们必须向加州大学圣巴巴拉分校英语系教授马克·罗斯致敬。他以空间、时间、机器和怪物为主题，很好地描绘出了超级英雄小说与科学之间持续的对话，因此，本书亦围绕着这四个主题展开讨论。这将让我们更深入地了解超级英雄中的科学。

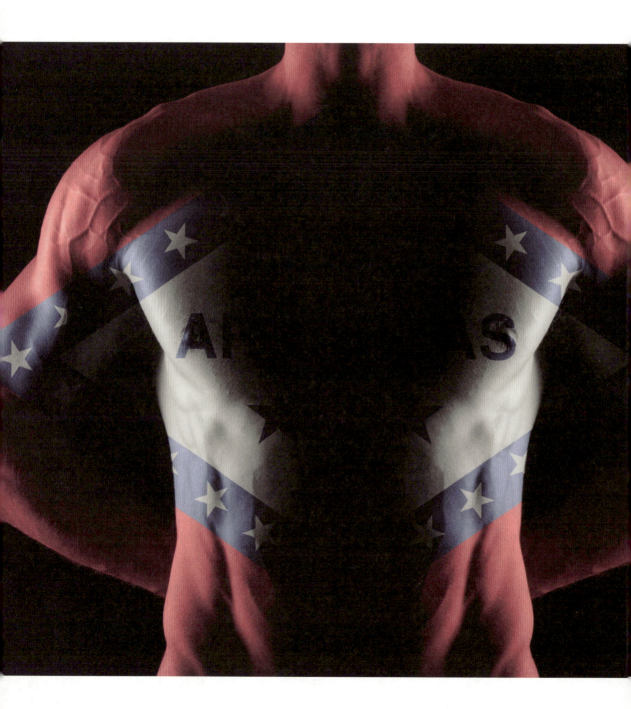

CONTENTS 目 录

前 言

第一部分 空 间

01	如果超人是大都会流星队的投手会怎样?	002
02	用索科维亚制造出一颗流星的挑战	008
03	钢铁侠、超人,以及飞行中的物理学	017
04	为什么暴风女操控天气并非明智之举?	023
05	为什么超级反派总是在入侵地球?	031
06	能否像超人那样利用太阳光给我们的身体充能?	040
07	面具传说:谁是史上最有影响力的超级英雄?	047

第二部分 时 间

01	渴求速度:快银与动力学	056
02	博尔特和美国队长谁更厉害?	062
03	海王处在生命之树上的什么位置?	070
04	超人真的能操控时间吗?	085
05	生如洛基:永生是一种拖累吗?	092
06	美国队长:超人实验	097
07	进化是如何催生现实中的X战警变种人的?	105

第三部分 机器

- 01　生存主义者如何制造出一套钢铁侠战衣？　120
- 02　曼哈顿博士的物理学和乐趣　127
- 03　我们是否都会进化成为正义联盟中的赛博格人？　139
- 04　外星科技是否像美国队长的盾牌所用的吸震金属那样神奇？　146
- 05　终极的超级武器是什么？　154

第四部分 怪物

- 01　蜘蛛侠的日与夜　162
- 02　我是格鲁特！地球上的树木有多少感知能力？　168
- 03　隐形人带来的麻烦　174
- 04　超级强壮：拥有绿巨人的惊人力量　179
- 05　夜魔侠：失明会使其他感官增强多少？　183
- 06　卢克·凯奇的皮肤为什么坚不可摧？　191
- 07　绿巨人怎样应对自己的体重？　196

第一部分
空　间

超级英雄中的科学

如果超人是大都会流星队的投手会怎样?

外景。肯特农场,白天。

克拉克现在已经三岁了。他面朝离他三米远的乔纳森。克拉克像所有三岁的孩子那样,把棒球扔给他爸爸。周围还四散着几个棒球。

乔纳森:"很好。手臂动作很好。"

乔纳森把球滚回给克拉克。克拉克捡起来又扔了一次。

乔纳森:"是的,控制得很棒,你看到了吗?"

克拉克:"……是啊……"

乔纳森(把球扔回去):"好吧,再给它加点料,给它来点'肯特魔法'。"

克拉克把球扔了出去——球飞出了画面——乔纳森呆呆地看着它飞走。

乔纳森:"哦,上帝啊。"

——J.J.艾布拉姆斯,电影《超人》剧本初稿

"在某种意义上,物理学已经超越了人类直觉所能理解的范围。我们不应该对此感到太惊讶,我们现在已经能够理解以中等速度、在中等尺度上运动的事物。但对于量子力学中的微观尺度或相对论中的宏观尺度,我们无能为力。"

——理查德·道金斯,《理查德·道金斯文集:一位虔诚的无神论者的语录》

第一部分 空间

"根据狭义相对论,质量和能量都是同一事物的不同表现形式,对于普通人来说,这是一个有点陌生的概念。此外,在 $E=mc^2$ 这个方程中,能量等于质量乘以光速的平方,这表明极小的质量可以转化为极大的能量,反之亦然。根据前面提到的方程,质量和能量实际上是等价的。"

——阿尔伯特·爱因斯坦,《原子物理学》

"我并不怎么喜欢哥谭市,它就像是有人用金属和石头制造出来的一场噩梦。"

——超人,《超人/蝙蝠侠》

蝙蝠侠大战超人(我眼中的删减片段)

当球员们上场时,哥谭体育场内已是座无虚席。在哥谭市那闷热天气的衬托之下,灯光照亮体育场内场中绿色的薄雾,人们共同迎接着这个热气腾腾的夜晚。哥谭骑士队将在此对抗凶猛的对手——大都会流星队。每一方观众都装扮成己方超级英雄的样子。流星队由超人上场投球,而骑士队则对他们的击球手寄予厚望,那可是蝙蝠侠本人,他的击球潜力肯定是惊人的。毕竟,他的名字是"蝙蝠侠"[一],对吧?

还会有比这更具戏剧性的出场吗?不管在其他比赛中有没有,在棒球比赛中是没有的。竞争十分激烈,空气中充满了紧张的气氛。男人天生就是为了比赛,有时候看起来,他们似乎除了比赛之外再没什么别的事了。但他们也知道,比赛的价值并不在于比赛本身,而在于被比赛置于风险中的东西。

比赛时间已到,灯光似乎变得更亮了,喧闹声逐渐平息。超人走上前去,站在投手的位置,蝙蝠侠也出场了,一阵阵震耳欲聋的奇怪声浪就像"墨西哥人浪"一样席卷过人群。有些人开始发出嘘声,还有些人从座位上站起来大声喊叫,夜晚的燥热和紧张感

[一] 英文中的"蝙蝠"和"球棒"都是同一个词"bat"。 ——译者注

占据了他们，让他们忘记了所谓的公平竞争原则。每一个人的期望都很高，但接下来发生的事情却让每个人都惊讶万分。

超人投球的速度是如此之快，以至于超出日常物理学定律范畴。虽然从哥谭体育场的后排根本看不见，但几乎可以肯定，超人投球的速度接近了光速，约为光速的 90%。球体运动得如此之快，而其他的一切似乎都静止不动了。即使是哥谭市那温热空气中的大气微粒和灰尘也同样静止不动。棒球像流星般飞过，与人群一样，大气微粒也成了那枚棒球的被动观察者。当然，大气微粒仍在以几百千米的时速振动，但那枚超级棒球却在以 270000 千米/秒的速度通过。就那枚棒球而言，这些大气微粒只是悬在那里，冻结住了，就跟体育场里那些爆米花的小碎片一样。所有依照空气动力学运动的物体统统被融进了空气中。一般的规则在这里根本不适用。通常，就像你有时候会在汽车广告中看到的那样，流动的空气会很容易地绕过一个高速通过的物体，但现在，似乎超人投出的球已经把大气微粒吓得不敢动了。它们连被从球的运动轨道上挤出去的时间都没有。更确切地说，棒球冲入空气分子中的势头是如此猛烈，以至于空气分子中的原子要么被迫与棒球表面融合，要么直接穿过去。

每一次微小的碰撞都会产生一次小型爆炸，散射出粒子和伽马射线。一切发生得快过了思维，但却是一幅完美的漫画画面，在投手位附近，伽马射线和粒子碎片形成了一个迅速膨胀的球体，射线和碎片开始撕裂大气微粒，将哥谭体育场瞬间变成了一个充满辐射等离子体的蘑菇状气泡。

仅仅过了几十纳秒，准确地说是 70 纳秒，超人的投球就到了蝙蝠侠面前。蝙蝠侠稳稳地站在本垒板上，他甚至不确定自己是否看到超人投出了球，因为携带"投球"这一信息的光束几乎与球本身同时到达。棒球在它到达本垒的短暂而快速的旅程中被碰撞所蚕食。现在，这个棒球也成了哥谭市这个热气腾腾的夜晚中一朵相当应景的子弹状等离子云。它在空中疾射而过，周身围绕的 X 射线盾首先击中蝙蝠侠，紧接着是碎片云。

蝙蝠侠似乎是全场唯一一个预料到了这样一记投球的人。这并非出于机智，更多的

第一部分 空间

是出于命运，蝙蝠侠与棒球正面相接，棒球等离子云仍以接近光速在移动。它先是击中了球棒，而后，蝙蝠侠、本垒板和接球手立刻都被汹涌的等离子云所吞没，被裹挟着穿过后挡板，因为这些挡板都已变成碎片。当棒球从超人手中飞出后，体育场里的时钟甚至走不出一秒钟完整的嘀嗒声，辐射和白热化的等离子球体向各个方向散开，等离子云瞬间吞噬了球场上的所有球员，空余下空荡荡的地面。

场景切换到几个远在体育场之外的临时观众，他们正从哥谭市郊区的一座高塔上远眺着这座城市。他们先是看到一道耀眼的光芒，比正午的太阳光还要明亮。紧接着，几秒钟后，一个蘑菇状的火球猛然变成了一片毁灭性的火积云。当棒球的冲击波逼近时，他们听到一声可怕的咆哮，这咆哮声撕碎了路标，将房屋化为火堆。眼见着体育场四周被夷为平地，大火开始吞噬大部分城市，而他们却只能无助地站在高处观望。在视野之外，体育场的内场已经缩小成了月球表面那种很常见的陨石坑的样子，而月球仍在空中静静地俯视着哥谭市。

与此同时，在月光的映衬下，出现了一个黑点。那是一只鸟吗？还是一架飞机？

无论是何物，它都成了这灾难性一夜的最后注脚。一场本应充满竞技精神的比赛，却以超乎想象的破坏力结束了。哥谭市在火光与辐射中颤抖，而这场"比赛"的结果，无疑成了所有人心中难以磨灭的印记。在这座城市中，超级英雄与棒球的碰撞，不仅跨越了体育的界限，更触及了科学与幻想的边缘。而这一夜的故事，也将永远镌刻在哥谭的历史之中，提醒着人们：有时候，最不可思议的较量，往往蕴含着最不可预知的后果。

用索科维亚制造出一颗流星的挑战

"索科维亚,正式名称是索科维亚共和国,这是一个位于东欧的虚构的小国,其首都是诺维格勒。奥创打算实施一个全球灭绝计划,即把索科维亚的一大块区域抬升到空中,再猛丢回地面上去,索科维亚因为奥创的这个计划而陷入了更深的混乱之中。这个计划最终遭到了挫败,主要得归功于复仇者联盟和他们的盟友,以及索科维亚警方有限的援助,但是,被抬升到空中的那部分区域最终还是被摧毁了。"

——《漫威数据库》中关于索科维亚的条目

奥创(对着幻视):"你竟敢把我拒之门外!你以为我在乎吗?你夺走了我的世界,我也会夺走你的。"

奥创激活了振动核心,索科维亚周围的地面开始震动、开裂。

托尼·史塔克:"星期五?"

索科维亚正在被毁灭。

星期五:"索科维亚要去兜个风。"

随着大地的震动,周围的一切不断崩塌。

奥创:"你们看到了吗?它的美,它的必然性。你们崛起,只为再次陨落。复仇者们,你们就是我的流星,是我迅猛可怕的利刃,地球会因承载不了你们的失败而粉碎。"

第一部分 空 间

把我从你们的网络中清除，让我亲手制造的血肉之躯背叛我，这些都毫无意义。因为当一切尘埃落定，这世上唯一活着的将会是金属。"

——乔斯·韦登，《复仇者联盟2：奥创纪元》剧本

"推进力是指使物体（如船舶、汽车或火箭）向前运动的力。火箭由缓慢燃烧的气体推动，气体通过喷嘴（即火箭狭窄的后端）喷出，产生大量推力，并向上推动火箭。用这种方法穿越100千米高的卡门线进入太空并不难。太空旅行可能是一门高深的科学，但也算不上太复杂。你可以用电线杆那么粗的火箭进入太空，只需要以很高的速度向上飞就行了。如何能停留在太空才是关键。为了阻止自己和航天器掉落回地球上，你必须沿着轨道快速运行，而要保持在轨道上，你需要将航天器的速度设置为至少7.9千米/秒。"

——马克·布瑞克，《如何成为一名太空探险家：你的太空探险》

在这个充满不确定性的21世纪的早期，充斥着令人瞠目结舌的电脑特效的科幻电影似乎是每个人都喜欢的东西。在撰写本书时，这一类型的电影占据了有史以来票房收入最高电影的前15名的大部分，《阿凡达》《星球大战：原力觉醒》《侏罗纪世界》《复仇者联盟》《复仇者联盟2：奥创纪元》《钢铁侠3》和《美国队长：内战》都在这个榜单上。

从《阿凡达》到《复仇者联盟2：奥创纪元》，我们都期待着电脑特效制作的高预算热门大片在大银幕上映。一些电影很明显地运用了电脑特效技术。在数字重制版的《星球大战外传：侠盗一号》中出现了已故演员彼得·库欣，让已故演员能够重新开口说话，正是电影的魔法。

有一些电脑特效是为了让你看不到某些东西，而不是让你能看到某些东西。扮演超人的演员亨利·卡维尔为了出演《碟中谍6》而蓄了胡子，因此《正义联盟》的后期编辑不得不去掉画面中超人的胡子。但电脑特效还是需要一段时间才能制作出像《复仇者联盟2：奥创纪元》中那样让人瞠目结舌的场景——在索科维亚战役中，所有的复仇者一起出场，共同对抗成群结队的奥创机器人。

我们值得花点时间，去仔细考虑一下那场战斗背后的故事。托尼·史塔克设计出了据说是最具智慧的人工智能思维和程序——奥创。奥创判断出，人类就是对地球和平最大的威胁。他决定直接抓住要害，帮助全球人类集体"了断"。他的计划是什么呢？制造出一个设备，用它将索科维亚的一部分地块（首都诺维格勒德）抬升到空中，然后再迅速将其扔回地面，产生如同流星撞击地球一样的效果。

奥创的这个"抬起城市撞地球"计划有两个主要问题：第一个是"抬起城市"，第二个是"撞地球"。让我们依次处理每个问题。

带索科维亚来一次空中度假

在科幻电影中，人类离开地球去太空旅行是件很平常的事，但在这样的旅行中，很少有谁会带上地球的一小块一起去。为了计算出奥创需要往他脑盒里输入多少能量，用来执行这个悬浮城市计划，我们首先需要估计出他想举起的索科维亚地块的绝对质量。

让我们再快速回顾一遍这个电影片段，我们就可以合理估计出，奥创举起的索科维亚地块大概宽 2 千米，从城中心的教堂算起，两边各宽 1 千米。当这座城市升入空中后，它看起来就像是一个迷你地球，或者更恰当地说，像一颗小行星。我们迅速查找一下 NASA 网站上关于小行星的参考数据，上面显示，一颗直径约 2 千米的岩质小行星（如地理星）的质量为 4 万亿（4×10^{12}）千克。顺便说一句，地理星似乎非常适合当我们的例子。地理星以美国国家地理学会命名，它于 1951 年由美国加利福尼亚州帕洛玛天文台的一个团队发现，是位于近地轨道上具有潜在危险性的小行星之一。

如果奥创是一个普通的传统型机器人，那么他可能会尝试用火箭来举起这堆"石头"。但是显然，奥创并没那么笨。他知道，火箭还必须自己把燃料带上去。因此，想要举起重达 4 万亿千克的索科维亚地块，他得往火箭里加入相当重的燃料。没错，他不需要计算把所有燃料带到预定高度的情况，因为老式火箭的好处是，随着燃料的燃烧，

第一部分 空间

火箭会越来越轻，这意味着它所需要的燃料也会越来越少。即便如此，要举起 4 万亿千克的索科维亚地块还是需要近万亿吨的燃料。你可以想象得到，奥创可能会受到这种想法的强烈诱惑。毕竟，如果这些燃料是以碳氢化合物为基础的，那么它们将耗费掉这个濒临毁灭的世界上化石燃料剩余储量中相当大的比例，这肯定会让这个好斗的机器人感到很兴奋。

但我们知道，奥创可是机器人中最聪明的一个，他那金属袖筒里还藏着更复杂的技术。他的选择之一也许会是太空电梯。太空电梯是科幻小说里一个重要的概念，其设想是，如果将一根足够长的电缆连接到地球静止轨道卫星上，那么你就可以用这个太空电梯将东西运送到太空中，而所需的能量比选择其他方式要少得多。但毫无疑问，奥创觉得，以这种方式举起索科维亚地块是行不通的。再说，选择太空电梯可能会导致一段相当蹩脚的对话，比如奥创高声说道："你们看到了吗？它的美，它的必然性。你们崛起，只为了再次陨落。复仇者们，你们就是我的流星，是我迅猛可怕的电梯，当我切断电缆时，地球会被你们砸出一个小坑。"

让我们也借此简短的机会帮助奥创学习几个术语。太阳系中绕太阳运行的碎小物体被称为流星体，而在其到达地球的过程中幸存下来并撞向地面的碎片被称为陨石。但是，"流星"一词所指的，仅仅是一个流星体在穿过我们星球的大气层并撞向地面的过程中所产生的光迹。此外，像索科维亚地块这么大体积的东西肯定是个小行星。

奥创无疑会意识到，还有一种举起索科维亚地块的方法，就是使用核武器将它炸上天。这个法子很可能对奥创也很有吸引力。基本计划是，在索科维亚地块的某处放置一枚核弹，然后简单地借助冲击波把它抬上天空。你可能会认为这座城市会被蒸发掉。然而，像奥创这样拥有强大技能的机器人，无疑可以在这座城市被抛上天空之前制造出某种金属盾牌，阻止它分崩离析。

顺便说一句，奥创可能从乔纳森·斯威夫特写于 1726 年的科幻小说《格列佛游记》中窃取了他关于抬升和碰撞的想法。斯威夫特的书中有一个"飞岛"，主要由金属制成，直径为 7.2 千米。这座名为拉普塔的飞岛统治着它下方的国家，正如奥创的计划一样，若是对下界的任何一个国家有所不满，拉普塔岛就可以直接朝着地面撞下去，把这个国家摧毁。

分析到最后，似乎奥创所选择的抬升方式仍然是个谜。剧本中有提到他"激活了振动核心，索科维亚周围的地面开始震动并开裂"。而在剧本其他部分，关于抬升的这部分内容不出意料地被模糊带过。尽管如此，还是让我们假设振动核心可以产生一个力场，它能够以某种方式将石块拉到一起，形成一个超级结构，这样，索科维亚地块就可以被抬升起来而不会解体。就像尼克·弗里的直升机一样，或许振动核心也可以充当索科维亚地基之下的反重力能量来源。（在科幻小说中的许多地方都可以找到反重力技术，它频繁出现在电子游戏世界中以及《星球大战》和漫威世界中。）

一般来说，反重力这种技术可以使飞行器悬停在行星表面，或者以较少的能源消耗在行星上方飞行。在索科维亚的例子中，奥创可能会使用某种反重力发动机的设计，这种发动机内部也会装有某种反重力装置。这样，这个地块就可以在没有人工干预的情况下抵抗地球引力⊖，飘浮起来。要将索科维亚地块抬升到一定的高度，需要对与这部分地块的质量施加与引力大小相等、方向相反的推力，以平衡地球引力。但为了让索科维亚地块从地球表面向上加速，奥创还需要用他的反重力发动机来施加推力。

现在，根据爱因斯坦的说法，引力会扭曲空间，所以，要想创造反重力，奥创所需要做的只是以另一种方式来扭曲空间。如果空间可以按照他的意愿产生扭曲，那么他就可以创造出反重力技术，这样他不仅可以让物体自由飘浮起来，甚至还可以将巨大的岩石抛向天空。所有有质量的物体都受到重力，但要创造出一种具有反重力的材料，这对奥创来说可并非易事。他可能会使用奇异物质。理论上，奇异物质具有负质量，能够产生重力的反向效应，以此抵消地块的重力，就像其他反重力飞船一样。

⊖ 重力是物体由于地球的吸引而受到的力，引力是一切物体之间的吸引力。地球表面物体所受重力是引力的一个分力，两者大小近似相等。——编者注

第一部分 空间

假设奥创是一个魔法工程师（不过目前对此还没有确凿证据），他必须先计算出需要向索科维亚地块中添加多少奇异物质。他必须正确估算出地块的质量，然后再将等量的奇异物质混进地基之中。瞧，这样索科维亚地块的总质量就变成零了。

然而，对于奥创的抬升计划的这部分来说，仍然存在着两个悬而未决的问题。第一个是奇异物质的来源，因为到目前为止，还没有人能真正确定它到底是什么。第二个是，即使纠正了其他所有计算错误，奥创仍然未必能把他的反重力计算做对。然后，就到了奥创计划的另一个部分——撞地球。

制造出一颗索科维亚小行星

让我们回顾一下奥创狡猾的撞地球计划，他计划利用索科维亚地块创造出一个大灾难事件来灭绝人类。一旦被抬升到足够的高度，索科维亚地块就能够在坠落时撞击地球，造成毁灭性的冲击。

假设奥创已经正确计算出了索科维亚地块的质量为 4 万亿千克，那么他还必须准确计算出他所能支配的能量。他能否成功在于速度。地块下坠得越快，就越接近人类的谢幕。为了达到灭绝级的速度，他必须让地块从一个极高的高度坠落。

这一切都取决于高度和势能。当索科维亚地块被抬升到地球上方的某个高度时，像其他所有地球重力场中的物体一样，它会获得重力势能。当奥创松开钳住地块的手时，这个势能就会转化为动能。

奥创的撞地球计划需要将地块抬升到多高的高度？在这部电影中，这个地块被抬升到如此之高，以至于美国队长评论道："空气变得有点稀薄了。"这意味着在开始下落时，索科维亚地块大约处于 2.5 千米的高空。这可远远不够。

让我们尽可能简单点，忽略空气阻力，那么，从这个高度实现"自由落体"将给索科维亚带来 5000 万吨 TNT 当量的冲击力。这与历史上最强的人造爆炸——1961 年 10 月

30 日引爆的地球上最强大的核武器——苏联"沙皇炸弹"的影响是一样的。但是,我们现在都还在这里,而我正坐在这里写这本书,这说明 5000 万吨 TNT 当量的撞击显然算不上灭绝级事件,除非现实是一种幻觉,而我实际上正身处黑客帝国的矩阵之中。所以,事情又得回到奥创的草稿板上。

假设将所有"智人"转变为"灭绝人"(很可惜,"灭绝人"并非真实存在的物种,至少目前还不是)的临界值大约为 10 万兆吨 TNT 当量,那么,奥创要么得找到一个更大的"索科维亚地块",要么就得把现在这个索科维亚地块抬升到地球上方约 1 万千米的高度。他选择了后者,但对于人类灭绝级事件来说,现在这个 1 万千米的下落高度将不得不增加至 1000 倍,达到地表上方 1000 万千米的高度。

无论选择哪个选项,奥创都会面临问题。如果他选择 1000 万千米这个可以完全灭绝恐龙的选项,那么在这一距离上的地球引力要比在地表的地球引力小得多。这意味着,他的"流星"没法获得它所需要的撞击能量。如果他前往 1000 万千米的地方,他将面临这样的情况:在"索科维亚小行星"接近地球的过程中,必须使用推进器对其进行涡轮增压,因为这个地块在撞击地球时必须以 14 千米 / 秒的速度飞行。

现在有人可能会说,索科维亚战役中真正的英雄是贾维斯,他成功地使奥创的攻击偏离了人们的核武器库、电厂和供水设施等更重要的目标。但考虑到奥创在"举起科索维亚撞地球"计划中的经历,他无疑也会把他的任何计划都弄得一团糟。

钢铁侠、超人,以及飞行中的物理学

"人类的鸟儿将首次遨游天际,世界为之惊叹,文字为之扬名,其诞生的巢穴将永享荣耀。"

——达·芬奇,《鸟类飞行手稿》

"一旦尝到了飞翔的滋味,你在地面上行走时将永远仰望天空,你曾身处那里,你将永远渴望回到那里。"

——达·芬奇,《鸟类飞行手稿》(1505)

"总而言之,对于一个沉迷于飞行、着迷于飞行、并致力于飞行的人来说,我感到十分失望,因为历史的波折让我晚出生了一代,让我错过了飞行事业中所有伟大的时刻和冒险。"

——尼尔·阿姆斯特朗,《尼尔·阿姆斯特朗:引言和事实》

科学技术的确给我们带来了汽车、计算机、智能手机等便利生活的事物,但也带来了新的问题。其中最糟糕的,还是要命的交通状况。再没有什么比如今全球拥挤的交通问题更需要实现人类飞行的梦想来解决的了。以印度为例,印度曾发生了世界上最长的交通堵塞,堵车长达 100 多千米,持续了数周之久。问题是,这种情况在印度很常见,甚至还有些人将堵车看作是"创业"的机会。他们会骑着摩托车在拥堵的车道间穿梭前行，带你到达目的地。他们甚至会安排人代替你坐在你的车里等着堵车结束。给堵在路上的汽车送比萨饼也很常见，比如比萨"特快"，尽管交通并不"特快"。

也因此，飞行十分受欢迎，2015 年，美国商业杂志《福布斯》发现，飞行能力是商业精英们首选的超能力。为了从阅读《福布斯》杂志的商业精英那里收集数据，《福布斯》在他们的官网上提出了这样一个问题："如果让你在两种特殊能力中选择一种，你会选择哪一种？ A. 飞行能力；B. 隐形能力。"

在所有类型的答题者中，飞行能力都是其首选。《福布斯》收集了全球 7065 位商业精英的答案，他们 63% 来自北美，13% 来自欧洲，16% 来自亚洲，8% 来自其他地区。72% 的商业精英选择了飞行能力，这几乎是选择隐形能力的人数的 3 倍。《福布斯》杂志还对答题者的职务数据进行了分析，分析发现，76% 的公司高层管理者选择了飞行能力，非管理岗中也有 71% 的人选择飞行能力。看得出，人类飞行的想法已经非常普遍。

如果人类真的会飞，我们能飞多快呢？奥地利跳伞运动员费利克斯·鲍姆加特纳是第一个在不使用工具或科技产品的情况下使自身速度超过声速的人。2012 年 10 月 14 日，费利克斯从美国新墨西哥州上空 39 千米处的一个热气球中跳出来，这名勇敢的跳伞运动员在跳伞时达到了 1342 千米/时的最大速度。

费利克斯差点失败，因为他的头盔面罩起雾了。整个飞行过程用了大概不到 10 分钟的时间，最后下落的几百米是用降落伞完成的。在飞行结束后，英国广播公司播放了费利克斯的演说："让我告诉你，当站在世界之巅时，你会变得多么谦逊。你不会再考虑打破纪录，也不会再考虑获取科学数据。你唯一盼望的，就是活着回来。"

但其实费利克斯的壮举并不算是飞行，而是自由落体运动。现在，来看一下冲刺速度能达到的极限。时年 43 岁的费利克斯打破了有史以来的自由落体速度纪录，而 22 岁的尤塞恩·博尔特则打破了冲刺速度纪录。冲刺速度是人类可以跑出的最高速度。2009 年 8 月 16 日，在德国柏林举行的世界田径锦标赛 100 米短跑决赛中，博尔特以 45 千米/时

的速度创下了这一纪录,那时距离博尔特 23 岁生日还有五天。在比赛过程中,博尔特的平均速度为 38 千米 / 时。博尔特的冲刺速度取决于他强大的双腿所能承受的力,而根据牛顿第二运动定律,这个力的大小等于质量和加速度的乘积。根据牛顿第三运动定律,对于每个作用力,都有一个大小相等且方向相反的反作用力。也就是说,博尔特奔跑时必须踩在足够坚实的地面上,这样地面才能有效地将博尔特的身体往前推。

在水和空气中快速移动

飞行与游泳十分相似。你一定见过在奥运会上,自由泳运动员在泳道中疯狂地划水,但这些选手真的是跟鲨鱼一样,在水中飞速破浪而行吗?并不是。事实是,他们的速度并不快,人类纪录中最快的游泳速度还不到 8 千米 / 时。也许,一个蹒跚学步的孩子耍起性子来都能跑得比那些奥运会游泳运动员快一点。

原因又回到了牛顿定律上。当博尔特奔跑时,他能够加速前进是因为他用脚抵住了跑道,跑道产生的反作用力推动他向前。运动跑道是十分坚固的,这意味着跑道中的粒子基本上是黏合在一起的,并且一定会反向推动博尔特,而不是干脆给他让路。对于蹒跚学步的孩子也是如此,地面必须是坚实的。但对于游泳运动员来说,却有另一种介质需要处理。水是流体,远比跑道容易流动。当游泳运动员用四肢向后划水时,一些水分子很容易滑过去,而不是反向去推动他们的四肢。

现在,考虑把我们的游泳理论应用到飞行问题上。空气和水一样,也是一种流体,但相较于水中的液体分子,空气中气体分子的运动要自由得多。由于气体的密度低于液体的密度,空气中有更多的自由空间,能够让粒子彼此间相互滑动,因此人类飞行者会比人类游泳者浪费更多的能量,因为他们需要向后推动更多的空气才能向前移动。

桑德拉·布洛克在 2013 年的电影《地心引力》中扮演里安·斯通博士。斯通是一名宇航员,她的宇宙飞船在轨道上损坏了,于是她被困在了太空中。她竭尽全力地想要返回地球。在一些场景中，我们看到斯通博士在微重力环境下绕着航天器移动。她是怎么移动的呢？她可不会浪费时间在近乎真空的太空中来回划拉。她只需要拉住安装在宇宙飞船的天花板、墙壁和地板上的把手就可以往前移动了。

想象一下，你能够像斯通博士一样飘浮起来，只不过不是在太空的微重力介质中，而是在咱们地球上。那么你是如何在街道中移动，从一个街区"逛"到另一个街区的呢？你不能像蜘蛛侠那样在蜘蛛网上荡秋千，在空气中"游泳"也没法让你走得很远。让我们不在这个问题上纠结，假设你直接就有了这个说不太清楚的飘浮能力。或许是某种反重力正在发挥作用呢。是的，就是这样。我们还假设，你可以自由地使用某种人类未知的推进器技术。

振翅高飞

你能飞得多高呢？还记得《钢铁侠》中的场景吗，钢铁侠第一次穿上他的飞行套装，在低层大气中腾空而起，然后他就发现，在到了一定海拔高度时，他的装备会出现结冰的问题。

根据压力高度公式，气压随海拔高度的增加而减小。当你飞到大气层中时，你周围的压力会减小。当空气压力减小时体积会膨胀，分子就会有更多的空间可以四处游荡，而不会相互碰撞并产生热量，因此温度降低。高海拔区域中气压要低得多，所以，如果你是在云层上空飞行的话，那里会冷得结冰，你需要保持核心体温足够高，否则你很快就会开始剧烈颤抖，意识混乱，最后由于体温过低而缺乏肌肉控制，从空中坠落下去。

体积也是一个问题。热力学中的理想气体定律表明，当温度不变时，气体体积会随着压力降低而增大，因此，如果飞得太快，你身体里的气体就会迅速膨胀，像摇动苏打水时会起泡一样。这一现象叫作"减压病"，它的另一种或许更广为人知的叫法是"潜水病"，它与深海潜水员浮出水面的速度太快有关。人们在1670年就明白了这一点。当时，爱尔兰化学家罗伯特·波义耳用毒蛇在真空环境下做了个实验。实验表明，环境压力降低可能会导致活体组织中形成气泡。在人类身上，潜水病也会导致疼痛、瘫痪或死亡，当然，这取决于你血液中产生了多少"气泡"。

让我们暂时撇开"飞得太高"这个话题来说点别的。如果我们让飞行至高点离地面更近一点又会怎么样呢？从一个好的方面来说，我们能够看清所有的道路设施，当然这些设施主要是用于常规交通的。还有另外一个好的方面，就是能够轻松地呼吸氧气！我们最好学学那位长了翅膀的超级英雄猎鹰，像他一样戴上护目镜。你可能还需要一个像美国队长那样的头盔，以防撞上电线、昆虫、鸟类和高高挂着的街道指示牌。

还有一个更危险的因素，那就是天上的无人机。当然了，天上还有其他飞行的人类，包括飞行警察，他们会随时准备收起翅膀，给你开一张罚单，以惩罚你飞到了错误的线路，或是你犯的其他什么错误，但与撞上无人机所产生的威胁相比，这点惩罚就微不足道了。毫无疑问，在未来的某一天，美国国家航空航天局（NASA）和其他机构最终会解决无人机交通管理的问题。但在那天到来之前，我们必须小心提防无人机。

因为，天空越来越拥挤了。美国联邦航空管理局（FAA）及欧洲航空安全局（EASA）报告称，自2014年以来，无人机的未遂过失事件数量激增。截至2016年8月，共发生了650起这类事件。迪拜机场多次因为无人机的活动而关闭。2017年7月，一名飞行员向澳大利亚运输安全局报告，他驾驶的轻型飞机在阿德莱德着陆前被无人机击中。随着时间的推移，这些无人机可能会变得更危险。

也许达·芬奇是对的，一旦你尝到了飞行的滋味，就会渴望回到天空。当然，你可能会在半空中遭遇无人机撞击，使你失去知觉，然后你会发现自己就像费利克斯·鲍姆加特纳一样，做起了自由落体运动。但是，如果无视航空当局的规定和一些物理定律，大多数"空中飞人"还是会俯视着下面几千米长的"车海"，选择继续飞行。

为什么暴风女操控天气并非明智之举？

外景。树木繁茂的山坡上突然出现了一道闪光。

此时的风刮得如此猛烈，以至于剑齿虎○差点没看到在离他几米远的地方有两个站着的人，他们在冰冷的雾霭中仅仅是道剪影。仔细一看，那是一男一女，他们穿着贴身材料制作的奇怪的制服。女人的脸露在外面，露出了深色的皮肤，目光如剑。

暴风女低头向下看去……她的目光凝视着下方。风刮得更猛烈了，随着气温下降，她的皮肤上起了层鸡皮疙瘩，水开始结冰了。接着，暴风女又让温度下降到更低，使得冰层越来越厚……此时，风雪正在猛烈地肆虐。

——埃德·所罗门和克里斯·麦夸里，《X战警》早期剧本草稿

"在过去，人们认为，改变世界的应该是核弹、疯狂的政客、大地震或者大规模的人口流动，但现在，人们认识到，这是完全脱离现代思想的人所持有的一种非常过时的观点。根据混沌理论，真正会改变世界的是那些十分微小的事情。一只蝴蝶在亚马孙的丛林中拍打翅膀，它所产生的风暴将席卷半个欧洲。"

——尼尔·盖曼，《好兆头：女巫艾格尼丝·纳特的精准预言》

○ 金刚狼的头号敌人，真名为维克特·克里德。 ——译者注

"我们全都是联系在一起的：从生物学上，我们之间相互联系；从化学上，我们与地球相联系；从原子上，我们与宇宙的其他部分相联系。"

——尼尔·泰森，《科学交响乐》系列视频《我们全都相互联系》

"难道你从没听说过混沌理论？非线性方程？奇异吸引子？生物系统从来都是不平衡的，它们天生就不稳定。它们可能从表面上看起来是稳定的，但实际上并不稳定。一切都在移动和变化。从某种意义上说，一切都处于崩溃的边缘……上帝创造了恐龙，上帝毁灭了恐龙；上帝创造了人类，人类毁灭了上帝，人类创造了恐龙。"

——迈克尔·克莱顿，电影《侏罗纪公园》

  自从科学第一次不可抗拒地崛起以来，科学的任务就不仅仅是探索自然，也包括开发自然。科学这台机器在创造之初就怀揣着征服自然的梦想，而科幻小说则将这一使命带入了一个遥远而充满想象的未来。在儒勒·凡尔纳的小说《地心游记》中，一位想要深入探索地下空间的探险家希望可以通过科学完全掌控大自然。他要到达世界的核心，要"刺穿"大自然活生生的心脏，获取闪闪发光的奖赏。同样地，在 H.G. 威尔斯的小说《时间机器》中，时间旅行者在时空中穿梭，支配着时间。他最后得到了一个对科学和人类都是毁灭性的发现，即时间才是一切的主宰。小说标题的意义就此显现出来：人类被困在时间的机制之中，被牢牢束缚在一个人类不可避免地走向灭亡的历史进程之中。

  在运用科学驯服自然的过程中，我们面临着无数挑战，其中最重要的一项挑战就是天气，我们该如何运用科学去把握如此随机、善变的力量呢，我们甚至无法看见天气，更何谈去预测它呢。大多数人发现，预测天气的问题在于，天气预报有时是正确的，以至于我们不能忽视它，但天气预报又太容易出错，以至于我们又不能过度依赖它。天气似乎是大自然最大的秘密之一，它嘲弄着人类的无知。然而，绵绵的雨水有着柔软的雕刻之手，它能切割石头，将混乱的线条雕刻出山脉的形状，同时它又会画出道道彩虹，那显然是对愤怒的天空所作出的道歉。难怪学者们一直梦想着控制天气。适量的雨水和

第一部分 空 间

阳光意味着健康的作物、人们生存的庇护所和繁荣的景象，而雨水太多或太少则又意味着饥饿和死亡。

从某种意义上说，人们必定会虚构出一个能够掌握天气的超级英雄。暴风女奥萝洛·门罗于1975年首次登场亮相，她在与X战警有关的故事里出场次数最多。暴风女的背景故事与遗传变异有关。她的母亲是一位肯尼亚公主，出生于一个古老的非洲女巫家族，长着标志性的蓝眼睛和白头发。这个女巫家族属于变种人的一种，拥有操控天气的超能力。暴风女的父母不幸早逝。在天赋力量显现之后，暴风女被奉为女神。之后，暴风女接受了X教授的招募，成了X战警的一员。她时常领导X战警团队作战，同时还与复仇者联盟和神奇四侠合作。

操控天气是否为明智之举

然而，暴风女使用操控天气的能力会不会太不明智呢？考虑到我们目前所面临的气候变化问题，对天气横加干预是否值得赞许？比方说，会不会出现所谓的蝴蝶效应呢？这个想法最早出现在科幻小说中，具体是在雷·布拉德伯里1952年所著的道德寓言故事《雷声》中。在布拉德伯里的故事中，一位时间旅行者不小心踩到了一只史前蝴蝶，结果创造出了另一条时间线，造成了一场浩劫。这个故事说明了结果对于初始条件具有多么敏感的依赖性。基于数学和气象学，混沌理论的早期先驱爱德华·诺顿·洛伦茨为科学界发展出了混沌理论，而这个故事则是在混沌理论出现整整十年前写成的。从那时起，尼尔·盖曼等作家就写下了类似"一只蝴蝶在亚马孙丛林中扇动翅膀，它产生的一场风暴将席卷半个欧洲"的故事。在《侏罗纪公园》中，迈克尔·克莱顿讲述了一个戏剧性的故事，即当原本不稳定的、永远在运动和变化的生命系统被逼到绝境并最终崩溃时会发生什么。

让我们来想象一下暴风女操控天气的场景，并仔细研究一下这种行为可能带来的后

果。为了便于讨论，我们假设暴风女正在与万磁王进行战斗。这个场景并不难想象，作为一个亦正亦邪的角色，万磁王似乎从来搞不清楚自己到底站在哪一边。而且他是邪恶变种人兄弟会中最强大、最危险的成员之一。他的行事风格强悍有力，能够操控电磁场，常常仅凭自己的意志去做一些疯狂的事情，比如彻底关闭互联网或其他卑鄙的事情。所以，让暴风女跟他对战可谓大快人心。

对于暴风女来说，这场战斗开始得并不顺利。万磁王很快占据了上风，暴风女决定以其人之道还治其人之身，用电磁来对抗电磁。她的计划是，集中她周身所有恐怖的肯尼亚女巫之力，将全球各地正在发生的闪电全部汇集到此处。她的目标是，最终一举消灭万磁王。暴风女清楚，闪电中带有电荷，因为闪电就是一种电现象，只要她能让所有的闪电都击中万磁王所站的地方，就应该能很顺利地消灭万磁王。

暴风女知道，一次典型的闪电中所携带的能量远远超过一个普通家庭几天的用电量。她还知道，即使在刚果这样地表闪电频发的地方，闪电能传递到地面的能量也比阳光带来的能量少得多。但暴风女的计划是召唤所有的闪电，让全球所有闪电同时落下，聚在一起形成一个超级大闪电。

暴风女意识到，一般闪电的主通道——携带电流的那道闪光——大约有1厘米宽，因此她的超级闪电，也就是包含着大约100万个一般闪电的"恐怖武器"，直径大约为6米，这足以将万磁王正在飘着的地方炸飞。暴风女想到了万磁王经常引用原子弹爆炸来吹嘘自己的力量——"哇哦，你看到了吗，暴风女，尼亚加拉大瀑布每8个小时就能产生一次原子弹爆炸的能量，但我只用一秒钟就能做到"诸如此类的话。但是现在，暴风女即将报复回去，她砸向万磁王的超级闪电蕴含巨大的能量，足以对万磁王造成致命打击。

不知怎么的（毕竟这是超级英雄的战斗），万磁王洞察到了暴风女的意图。他很快在自己脑子里做了些计算，主要集中在以下几点上：A计划，赶紧逃跑；B计划，想办法驱散即将从天而降的巨大能量。完全出乎意料的是，万磁王并没有拿原子弹来比较计算即将打下来的能量。也许他在否认事实,又或者他只是不想把这种超级英雄才配用的比较方式用在暴风女身上。相反,他认为,这道迫在眉睫的超级人闪电中有足够的电能,其电能足以供游戏机和等离子电视使用数百万年,或者为美国国内具有巨大耗电需求的电力市场供电五分钟。万磁王仔细考虑着他的选择。巨型闪电的周长大约与篮球场的中心圆的周长一样大,但它所造成的破坏力则会炸掉整个球场,留给万磁王的机动空间不大。此外,在超级闪电内部,空气将转化为高能等离子体,这意味着,闪电发出的光和热将在数千米范围内自动点燃面朝各个方向的各种类型的物体的表面。超级闪电的冲击波会劈倒树木,夷平建筑物。看来留给万磁王的选择越来越少了。

所以,他开始转而考虑 B 计划,不能只是想着怎样避开这道超级闪电,而是要想办法转移它。以万磁王的能力,他很容易就可以拉过来一根避雷针,用它来挡住超级闪电。但这不是他最好的选择。首先,大多数人都不太清楚避雷针是如何工作的。有一种理论是,避雷针通过将自身安装在建筑物顶端,利用尖端放电原理,通过导线接入地下的泄流地网,将雷电电流传向大地,以此来阻挡闪电中的电力。这样或许可以降低闪电打击的可能性,但由于暴风女是特意召唤闪电来打击万磁王的,所以在万磁王目前的困境中,一根避雷针几乎不可能帮到他。比方说,万磁王能够利用他的磁场超能力拉过来一根一米粗的铜缆,悬停在地面上,一头接地。当然了,超级闪电携带的短暂电流将通过铜缆传导至地面,所以并不会把铜缆熔化,但是,当闪电传导向铜缆末端并与地面接触时,将会发生地下熔岩爆炸。对万磁王来说,熔岩还不如闪电舒服。

但随后,万磁王的脑海中灵光一现,他突然想起了暴风女的幽闭恐惧症。万磁王回忆起了他所了解的 X 战警的历史,尽管暴风女是一个十分强大的女人,但她和超人一样,也有一个致命弱点,那就是幽闭恐惧症。暴风女的幽闭恐惧症可以追溯到她的童年时期,当时,一架飞机撞上了她家的房子,她的父母当场死亡。撞击力让房顶砸在了年轻的奥萝洛身上,将她和死去的父母一起埋在瓦砾之下,迫使她躺在父母的尸体旁等待救援。这起事件让暴风女对封闭空间产生了严重的恐惧,而现在,万磁王可以利用这种恐惧。他可是邪恶变种人兄弟会的成员，这并非毫无道理。万磁王对于举起导弹、枪支、汽车甚至整个金门大桥等东西有着丰富的经验，他很容易就能制造出一个特制的金属笼子，用来困住暴风女，使她陷入恐慌。这背后或许可以用混沌理论中的非线性方程来解释。暴风女操控天气，跑来找万磁王麻烦。万磁王操纵金属反击，然后暴风女得上了一种新的幽闭恐惧症。不过，你确实可以把操控天气的人关起来，但你没法直接关住天气。

为什么超级反派总是在入侵地球？

"在十九世纪末的最后几年，没有人会相信，这个世界正在被比人类更伟大、却更加致命的智慧生命密切关注着。

人类带着无限的自信，在这个世界上来回奔波，谈论着他们的琐事，内心平静地以为他们的帝国能掌控一切。地球人最多会幻想一下火星上可能还有其他人，那些人或许还不如自己，于是准备迎接外星使者的到来。然而，在太空的另一边，在那里生存着的智慧生命，相较于我们，就像我们相较于那些已经灭绝的野兽一样。'他们'聪明智慧、冷静无情，正用嫉妒的目光打量着地球，不疾不徐地进行着入侵计划。"

——H.G. 威尔斯，《星际战争》

H.G. 威尔斯的小说《星际战争》就是以这段话开篇的，可以说，这段话是整个科幻小说史上最精彩的开场白之一。《星际战争》是有史以来第一部描写"来自太空的威胁"的著作。在小说中，火星是一个垂死的世界。它的海洋正在蒸发，大气正在散去，整个星球都在变冷。"因此，一代又一代的火星人都在为即将毁灭的宿命而战栗不已，而对离太阳更近的星球发动战争是他们摆脱毁灭的唯一办法。"于是，毁灭的恐惧被他们带到了地球上。在他的故事中，威尔斯反复提醒人们"宇宙的虚空浩瀚无边，物质的尘埃在其中游弋"，以及太空"深不可测的黑暗"。在一个基本上荒无人烟的宇宙中，生命是珍贵而脆弱的存在。通过对外星人的描绘，威尔斯在书中细致地传达出宇宙虚空所具有的特质——广袤、冰冷、无情。他笔下的火星机器生动地将宇宙的指挥链显露无遗，"值得注意的是，它们的机器长臂在大多数情况下都是由一种仿真肌肉组织驱动的……这种类似螃蟹的搬运机器人身上覆盖着大量的仿真肌肉组织……在夕阳下，这些机器人似乎比落在后面的火星人显得更具活力。火星人则在他们穿越太空的漫长旅程之后气喘吁吁，胡乱挥舞着毫无用处的触手，虚弱地挪动着身体。"

现代人类对外星人的了解全都得归功于威尔斯。威尔斯的火星人是宇宙虚空的代理人。它们具有独特的生理特征和智慧，使它们成了外星人形象的经典代表。与人类身体相比，它们那有着3只脚的身体高如巨塔，它们的智慧也同样高高凌驾于人类智慧之上。火星人身体虚弱，但具有强大的智慧，再加上它们先进的机器人，成为压制人类的强大力量。它们的热射线枪和毒气是残忍的大规模杀伤性武器。人类所有接触它们的尝试都是徒劳的，这一点更加印证了，外星人代表着来自虚空的无情力量。

回头看看，似乎在科幻作品中，超级反派外星人永远都在入侵我们这个卑微的小星球。

其中最著名的是纽约之战。纽约之战在当地也被称为"那起事件"，那是一场为期一周的"泰坦之战"，地球和复仇者联盟为一方，洛基和奇塔瑞军队则是另一方。这只是最近的例子。还有一个会变形的外星人种族——斯克鲁人，它们一直在以暗中破坏的方式，长期、秘密地入侵地球，这个故事在2008年4—12月的漫威漫画杂志上连载过。

事实上，外星人入侵已经成了科幻电影和小说的经典话题。但是，自从《星际战争》出版以来，人们对于外星人的描绘几乎没有什么创新。威尔斯的小说中对于火星文化只字未提，似乎火星文化已经被某种熵衰变所消磨殆尽了，只剩下了入侵地球的执念。火星人对人类文化完全没有兴趣。跟吸血鬼一样，它们只对人类的血液感兴趣。火星人压迫人类的原因简单而血腥，这刺激了读者，使读者厌恶火星人，也厌恶不请自来的自然选择所拥有的可怕力量。

威尔斯笔下的火星人入侵有着"正当"的理由,但绝大多数超级反派的入侵并非如此。威尔斯的火星人居住在一个即将灭亡的星球上,火星表面正在迅速退化成沙漠。但是后来,电影、小说和漫画的作者大多模仿了威尔斯的火星人入侵的故事,却没有像威尔斯那样,为火星人做一个特别的背景设定。不仅如此,为了让威尔斯和他的火星人黯然失色,后来的作家们纷纷让外星人拥有更强大的力量。他们将地球设定为拥有难以想象的财富的地方,地球就像个闪闪发亮的奖品,不仅对火星这个小小的沙漠世界有价值,而且对银河系甚至银河系以外任何能想象到的文明都有价值!

氪星人的造访

让我们以超人为例——虽然他并不是个超级反派,这位拥有钢铁之躯的超人原名卡尔·艾尔,他以出生于氪星而闻名。他的父母乔·艾尔和劳拉得知了氪星即将被毁灭的消息,这听起来跟威尔斯给火星的熵衰变的设定一模一样。因此,乔·艾尔建造了一艘飞船,将尚在襁褓中的卡尔·艾尔送到了地球上,从此卡尔以克拉克·肯特的地球名字被农场主肯特夫妇抚养长大。现在,根据超人的说法,氪星距离我们的世界有 50 光年 $^{\ominus}$。从宇宙的角度来说,这算不上很远,但也算不上是我们的隔壁邻居,另外还有很多个星系位于超人的星球和银河系之间。

我们可能会想,到底是什么原因让乔·艾尔想到要把自己的儿子送往地球呢?先不提往地球发射火箭要走上多少光年,这种做法需要多么严格的后勤保障,单是考虑到氪星和地球之间肯定有着几十亿颗行星,并且假设每个星系中可能存在着数千个文明,你就会明白这个计划做得是多么不可思议了。

就像威尔斯的《星际战争》一样,在超人的故事中,地球人和外星人之间并没有文化冲突。克拉克·肯特是在自己的氪星人身份保密的情况下长大的。没有什么明显的叙

$\ominus$ 现实中以漫画中的氪星命名的行星距离地球 27.1 光年,位于乌鸦座。——编者注

述说明过他是一个来自先进文明的外星人,这或许也会让读者想知道,为什么超人种族要来担心我们这颗卑微的小星球。天文学家最近估计,宇宙中至少有 2 万亿个星系,数量惊人。这比以前想象的要多得多。这一最新发现是基于哈勃太空望远镜 20 多年来收集的 3D 建模图像。即使每个星系只有 1000 个文明,宇宙中先进文明的数量也将达到千万亿以上。既然宇宙中有着这么多的文明,那么地球必须有非常特殊之处,才能让超人们有理由造访地球。

而说到超级反派外星人入侵地球,事情看起来就更令人难以置信了。外星人拥有强大的军队和巨型宇宙飞船,然而他们却都一门心思要跑来占领我们这个小小的世界。

超级反派的宇宙

你永远不会真正明白这个超级反派的宇宙。也许外星人根本不是为了物质利益;也许,这些外星人攻击我们的星球,仅仅是因为他们喜欢这样做,他们为了毁灭而毁灭。他们认为,奴役人类只是他们的专制统治中一种乐趣或游戏。这跟威尔斯的想法大相径庭,《星际战争》是星际达尔文主义的一次演习。威尔斯充满想象力的镜头就像是一架望远镜,它望见了侵略地球的火星人是未来的"人"。但处于社会达尔文主义这架望远镜接收端的,是大英帝国。

让威尔斯感到愤怒的恰恰是"人的进化"这种想法。在当时,普遍的想法是,知书达理的英国中产阶级是应当进化的群体。威尔斯所嘲讽演绎的观点与马克·吐温在他精彩的文章《世界是为人类而创造的吗?》中讽刺过的那种软弱的思想一致。马克·吐温说:"人类在这里存在了 32000 年。这个世界花了一亿年的时间来为人类的出现做准备,于是这就证明了,世界是为人类而创造的。我想是这样的吧。我不知道。如果埃菲尔铁塔代表了世界的岁数,那么铁塔顶端圆球上的漆皮就代表了人类在这个岁数中所占的比例。然后任何人都会认为,这整座塔就是为了塔顶上那点漆皮而建造的。我想他们大概会这么想吧。我不知道。"

同样地，威尔斯的《星际战争》引用了德国科学家约翰内斯·开普勒的一句话作为开头："但是，如果在这些世界中有人居住，那么会是谁居住在此呢？世界的主宰是我们，还是他们？凭什么认为所有的东西都是为人类而创造的呢？"在威尔斯的这篇关于斗争和生存的小说中，整个故事的叙述者是一位哲学家，他正在写一篇关于文明进步与道德观的论文。

这篇论文的结论原本是人类拥有光明的未来，然而这句结论刚写到一半，突然就被残酷的自然进化之力打得支离破碎——火星人入侵了。

而自威尔斯之后，绝大多数外星人入侵的故事几乎再没有了想象力或天才的影子。威尔斯的星际达尔文主义似乎已经被另一种偏执狂哲学所取代。偏执狂想象中的宇宙似乎痴迷于征服地球。这是一个不断给人类设置各种陷阱的宇宙，无论是通过直接攻击，还是通过秘密行动，或者通过剥夺人类的自由意志。偏执狂仍然在我们身边。他们将同样的逻辑用到了是"搜索地外文明"还是"向地外文明发送信号"的争论上去。这个争论的焦点在于，是否可以向附近的星球发送信息，来吸引假设中的外星居民的注意。简而言之，也就是，是否要向外星人发送问候信号。毫无疑问，偏执狂们看了很多从威尔斯的书中抄来的重复而单调的外星人入侵情节，而这些情节背后又缺乏哲学支撑，于是偏执狂们害怕外星人会入侵就只剩下如下理由了：外星人是虐待狂，一心就觉得自己想入侵地球；外星人喜欢玩警察与强盗的星际游戏；外星人是入侵地球是为了从地球人手中拯救他们自己。

说了这么多入侵地球的外星人，我认为真的是时候要改变想法了。人类不是天使，不会对杀死一只蟑螂感到不安，但我们肯定不会跑去天涯海角就为了杀个蟑螂。外星人也一样，如果你能允许我把人类比作蟑螂的话。这种超级复杂的高级文明根本不需要特意找出地球人，再跑去把他们消灭。无论是火星人还是超级反派外星人，我们都不需要对他们过度焦虑，外星人入侵也只是想象。

能否像超人那样利用太阳光给我们的身体充能?

"地球的太阳比氪星的太阳更年轻、更明亮。你的细胞受到了太阳的辐射,你的肌肉、皮肤和感官由此变得更强。地球的引力要弱一些,但它的大气层却更加富有营养。你在这里成长得比我想象的还要强大。想要知道自己有多强大,你唯一的办法就是不断测试自己的极限。"

——乔·艾尔,《超人:钢铁之躯》

"通过将来自地下的水和矿物质与来自上方的阳光和二氧化碳相混合,绿色植物将地球与天空联系起来。我们总以为植物是从土壤中生长出来的,但事实上,支撑它们成长的大部分物质来自空气,通过光合作用产生的纤维素和其他有机化合物是由重碳和氧原子组成的,植物能够直接从空气中的二氧化碳中获取这些原子。因此,木柴中的大部分重量几乎都来自于空气。当我们在壁炉中燃烧木柴时,氧气和碳再次互相结合形成二氧化碳,在火焰的光和热中,我们回收了部分用于制造木材的太阳能。"

——F. 卡普拉,《生命之网:对生命系统的新理解》

第一部分 空间

"大自然给自己提出了一个问题，即如何捕捉流向地球的光流，并将最难以捉摸的力量以固定的形式储存起来。为了实现这个目标，它将生物覆盖了地球表面，这些生物能够在其生命过程中吸收太阳光，并利用这些能量产生出不断积累的化学能。植物吸收一种形式的能量，即光，并产生另一种能量，即化学能。"

——罗伯特·迈尔，《与有机运动相联系的新陈代谢》

"当你想到自然界中的复杂性时，例如植物如何利用量子力学进行光合作用，你会觉得智能手机看起来就是个相当愚蠢的东西。"

——杰夫·范德米尔

超人已经不再是过去的他了。在过去长达几十年的超人形象演变过程中，随着创作者的不断更新和创作，超人的力量和能力不断变化，但有一点是不变的，他是个"阳光超人"。他主要的超能力都来自太阳，包括他的力量、速度、能力和无敌的身躯。太阳把超人变成了一个大号的太阳能电池，让他拥有了超级太阳耀斑的能量。超人能够一次性用尽他储存的所有太阳能，以全方位的热爆炸消灭方圆400米内的任何事物。

正统的超人作品认为，超人的力量来源于他的细胞吸收和代谢黄色恒星能量的能力，例如太阳的能量。如果从更热的蓝色恒星吸收能量，那么他还会得到更多的能量。这个过程是如何影响超人的身体的呢？简单地说，他的"活体太阳能电池"代谢系统会吸收阳光，并将其转化为燃料，从而使他拥有超人的能力。他的身体就像是一个有机电容器，可以储存太阳的能量，并在有需要的时候使用这些能量，比如在他发现自己身处于夜晚或黑暗的太空中时。由于氪星的母星拉奥是一颗红色的超巨星，所以，要在氪星上获得这么大的能量是不可能的。但超人作品中的这个设定在多大程度上符合事实情况呢？为了回答这个问题，让我们先讨论一下阳光，然后再考虑光合作用。

超人的阳光

首先，太阳是地球上所有生命的源泉。没有太阳，就没有热量，没有食物，没有空气，没有光线，没有白天和夜晚，也没有季节，事实上，根本不会有我们所熟知的地球。太阳就像所有这些东西的熔炉。尽管太阳的半径有 70 万千米，但按照宇宙的标准来看，它仍然被认为是一颗黄色的"矮"星。尽管如此，太阳还是"胖"得足够把 100 多个地球放在它的肚皮上，再把 100 多万个地球塞进它的肚子里面。就算你是超人，能轻轻松松地以超声速飞行，想要绕太阳飞一圈还是需要花费 200 多天。

以太阳为代表的恒星燃烧使用的是核能。恒星主要是由氢构成的，氢原子在其内部进行核聚变，形成新的原子，同时释放出大量能量。太阳中心的温度能够达到约 1500 万℃，每秒钟燃烧 6 亿吨氢，释放的能量相当于 9 万亿次百万吨 TNT 当量的核爆炸的能量。

那么超人的身体所利用的阳光究竟是什么呢？这似乎是一个奇怪的问题，但想象一下超人在游泳池中的场景。当超人猛地扎入游泳池中时，水面上泛起波浪，我们也许可以看到超人身体撞击水面所产生的能量。请注意，水波是一种波动现象，当外力作用于水体时，会使水分子产生起伏运动，形成

第一部分 空间

波浪。

光也是一种以波的形式传播的能量，不过它可以穿越介质，比如空气和水。你可以把光想象成一种被称为"光子"的能量包，而我们的眼睛可以接收到光子。有很多种不同的方法都可以产生光子，在太空中，恒星的光子是在恒星的中心产生的，在那里，氢正在剧烈燃烧。

光是宇宙中速度最快的东西。光在真空中以 30 万千米/秒的速度传播，它每秒钟可以绕地球赤道 7.5 圈，从地球到达月球只需要一秒钟，而从太阳到达地球则需要大约八分钟。

那么，是否可以说，正是太阳高强度的辐射赋予了超人超能力呢？超人作品中提到，相比氪星的母星——红超巨星拉奥，我们的太阳有着更多的能量。我们可以用猎户座中的红超巨星参宿四做对比，来衡量拉奥的情况。如果你能把参宿四捡起来，扑通一声扔到太阳系的正中心，那么参宿四的肚子就会大到足以吞下太阳系最靠里的四颗行星的轨道，即水星、金星、地球和火星。这可真是一颗怪兽星。

恒星温度的高低反映在其颜色上。如果超人仰望夜空，乍一看，他会觉得好像所有的星星都是白色的。但是，当他更仔细地观察时就会发现：有一些星星是微红色的，比如参宿四和拉奥星；有些星星是淡黄色的，比如我们的太阳；还有一些则是蓝色的，比如猎户座的另一颗恒星参宿七。恒星的颜色是一个信号，它能够说明这颗恒星的温度有多高。蓝色星星热得惊人，红色星星的温度则相对要低得多，不过它的核心仍在燃烧。像太阳一样的黄色恒星则位于中间，温度刚好。

然而，恒星的能量不仅仅与温度有关。让我们再次对比一下我们的太阳与红超巨星参宿四。天文学家估计，参宿四的表面温度约为 3590 开，约为太阳的 62%。但由于参宿四的体积巨大——其半径约为太阳的 1000 倍，所以它的光度（辐射功率）大约是太阳的 10 万倍。因此，当不仅考虑到恒星的颜色和温度，而且也考虑到它们各自的能量输出时，超人力量的源头似乎就变得更加难以捉摸了。

超人的阳光"零食"

想知道阳光是如何给超人制作出"零食"的,不妨先看一下煤炭。既然游泳池能够作为我们讨论光的切入点,那么对于地球上最重要的生命力量之一——光合作用,煤炭没理由不作为讨论的切入点。

煤炭是一种不可思议的物质。过去,人们把煤炭称为"黑钻石",因为对人类来说,煤炭具有巨大的价值。在1983年的电影《超人3》中,超人用他超强的力量将煤炭挤压成了钻石(虚构情节)。如今,每一筐煤炭都带来了工业和文明。煤炭是"会流动的气候",它能够被运送到任何地方,能让加拿大像加勒比海一样温暖。而煤炭的漫长旅程,始于3.5亿年前的石炭纪。

石炭纪是地球历史上的一个时期,以大部分土地被大片沼泽和森林所覆盖而闻名。在石炭纪,地球空气中的氧气含量达到35%,相比之下,如今大气中氧气的含量只有21%。石炭纪的两栖动物主宰着陆地,从这个时期起,第一批爬行动物开始进化,也正是在这一时期,大型植物留下了它们的印记。大型植物以极快的速度生长和死亡,最终都变成了煤炭。石炭纪的意思是"含煤的",因为这个时期形成的地层中含有丰富的煤炭。虽然在开始时,石炭纪的气候炎热,有许多茂盛的森林,但到了最后阶段,石炭纪进入了一个持续数百万年的冰期。煤炭也就是从那时起逐渐形成。

煤炭的形成离不开光合作用。数十亿年前,在潮湿的石炭纪之前,地球上的植物学会了如何吸收太阳的能量。或许我们应该在此处停一会儿,考虑一下这种能力的了不起之处。与超人类似,植物实际上也会吸收阳光。它们利用太阳能,将大气中的二氧化碳和水转化为有机物和氧气。在气候温暖时,植物的这种吸收阳光的作用机制效果很好,而石炭纪恰好有适宜的温度。

石炭纪的大型植物死后被埋入地下,它们的能量也被冻结封存在其中。煤炭储藏了太阳能。当我们燃烧煤炭时,产生的火焰就是从植物化石中被再次释放出来的太阳能。

所以,这也许就是超人的秘密。绿色植物只能捕获照射到它们的太阳能量中的一小部分。然后,它们收集这部分光能,并将其转化为植物生长的"能力"(我们可以这么说,毕竟,光合作用的意思就是"收集光")。也许超人能够转换更多的太阳能量,他也在收集光,并将其转换为自己的力量和超能力。

面具传说：
谁是史上最有影响力的超级英雄？

"自人类诞生以来，一小撮压迫者已经承担了我们本应该为自己承担的、对自己生活的责任。用这种做法，他们夺走了我们的权力。我们什么也没做，就放弃了自己的权力。我们看得见他们的道路，那条路通往营地和战争。"

——艾伦·摩尔，漫画《V字仇杀队》

"我们明白了，要记住的是思想，而不是人，因为人有可能会失败。人可能会被抓住，可能会被杀害和遗忘，但400年后，一种思想仍然可以改变世界。我目睹了思想的力量，我看到人们以思想的名义杀戮，又为了捍卫思想而死……但你不能去亲吻一种思想，不能触摸它，也不能抓住它。思想不会流血，它不会感到痛苦，它不会爱。"

——瓦乔夫斯基，电影《V字仇杀队》剧本

"每个人都是特别的。每个人。每个人都是英雄、情人、傻瓜、反派，每个人。每个人都有自己的故事要讲。"

——艾伦·摩尔，漫画《V字仇杀队》

超级英雄中的科学

> 安德烈（伽利略的学生）："没有英雄的土地是不幸的。"
>
> 伽利略："不，安德烈。需要英雄的土地才是不幸的。"
>
> ——贝尔托·布莱希特，《伽利略传》

每个国家都有自己的超级英雄，比如英国就有很多令人难忘的英雄：亚瑟王，最具神话色彩的君主；罗宾汉，最具传奇色彩的亡命之徒；詹姆斯·邦德，超级间谍的原型；福尔摩斯，最权威的侦探；哈利·波特，世界上最强大的年轻巫师；还有神秘博士，世界上历时最长的系列科幻小说中的超级英雄。但是，无论国籍如何，当从虚构世界来到现实中时，哪位超级英雄才是最有影响力的那位呢？

当然，超人是一位强有力的候选人。超人是美国文化中受追捧时间最长的偶像之一，他于1938年首次出现在《动作漫画》杂志上。然而，这位诞生于20世纪的强大的虚构人物经常要去适应时代的变化。当第二次世界大战爆发时，他的口号从为"真理、正义和自由"而战，变成了为"真理、正义并且用美国的方式"而战。这个新口号一直延续到20世纪末期，那时的超人成了强势的美国沙文主义的象征。

然而最近，超人似乎采纳了21世纪更加黑暗的道德相对论，这是一个勇敢的新世界，它充满了不确定性，也充满了对政治、经济、环境崩溃的恐惧。在2013年的电影《超人：钢铁之躯》中，十几岁的克拉克·肯特在救了一车溺水的同学之后向继父吐露心声，继父担心他已经暴露了自己的外星人特征。"我又能怎么办呢？难道就让他们去死吗？"克拉克说。他的继父是怎么回答的？他答道："也许吧。"

对于那些把超人大受欢迎的原因归结为他是善良的化身、是对与错的化身的人来说，这一段对话一定让他们十分震惊。事实上，超人这个角色被看成是在履行与古希腊或古罗马神话中众神相同社会职能的人物。有些人可能需要神话来教会他们美德，而这些美德或许需要由一个人来体现。但是，如果这个人真正捕捉到了柏拉图理念中的"善"的概念，为崇高的理想而战并传授道德教诲，那么如果超人为了自保而牺牲人类的生命，世界又到底会走向何方呢？对一些人来说，超人不仅仅是一个在我们头顶上飞行的超级英雄。他们声称，作为我们愿望、希望和恐惧的化身，超人就是我们自己。然而，想想2006年布兰登·劳斯主演的电影《超人归来》吧，在这部电影中，超人展示出了他最核心的形象，他变成了一个上帝般的人物，从天堂降临到地球上，而当他在凡人中行走时，他的真父在他耳边对他给予忠告。

众神是否披斗篷戴面具？

社会科学告诉我们，真正的变化来自下方，而不是上方。也许这就是为什么这个不确定的世纪接纳了 V 这样一位英雄，他抛弃了上帝的斗篷，选择了反叛者面具。现在，V 已经成了世界上最知名的超级英雄之一，他是由艾伦·摩尔在反乌托邦系列片《V 字仇杀队》中创作的角色。V，这位蒙面的无政府主义者是 20 世纪 80 年代英国政治和民间传说的综合体。他已经成为和超人或美国队长一样著名的标志性人物，但他们出名的原因却截然不同。

全世界的政治抗议者都戴着 V 的反叛者面具。这个面具取材于电影《V 字仇杀队》和艾伦·摩尔的漫画故事，电影是基于漫画创作的，但 V 字仇杀队的故事原型却更为古老。这张具有象征性的面具来自于盖伊·福克斯。在莎士比亚和伽利略生活的英国，1605年11月5日，盖伊·福克斯策划了用火药炸毁英国议会的阴谋，如今，他的名字已经成了这场阴谋的同义词。自那以后，英国人一直在纪念福克斯阴谋的失败。因此，人们将福克斯的人偶扔进篝火中焚烧，纪念活动还常常伴有烟火表演。但《V 字仇杀队》这部电影讲述的却是另一个故事。在电影中，一位神秘而又孤独的无政府主义者将盖伊·福克斯面具戴在脸上，以便匿名行动。

在艾伦·摩尔的漫画和电影中，V 将福克斯作为自己的榜样。V 成功结束了虚构的英国法西斯政党的统治。在故事早期，V 炸毁了国会大厦，这正是现实世界中的福克斯在

超级英雄中的科学

第一部分 空间

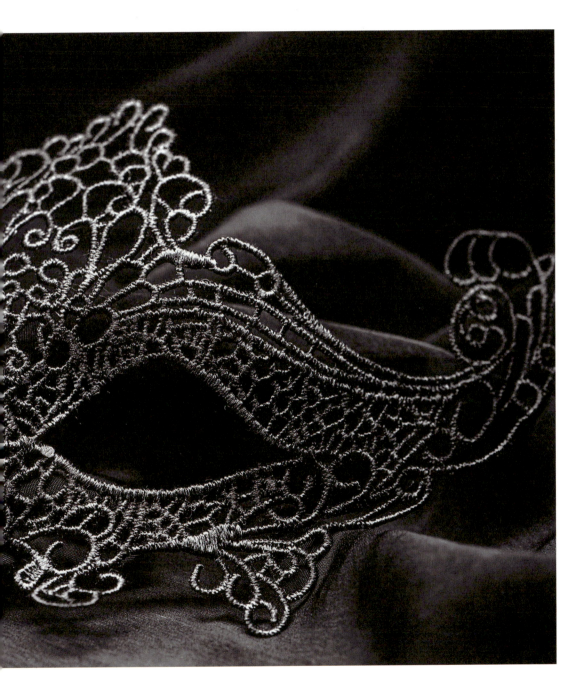

1605 年没能做到的事。

从纽约到伦敦，从悉尼到里约热内卢，世界各地都在不断涌现出针对政客、银行和金融机构的抗议浪潮。而抗议者们常常戴着盖伊·福克斯那造型奇特、蓄着小胡子的面具。在高峰时期，每年卖出的面具超过 10 万个。一家公司还试着使盖伊·福克斯的面具形象多样化。他们设计出了各种肤色的传统福克斯面具。因此，自然而然地，一些评论员对人们如此使用这位超级英雄的面具持否定的态度。《纽约时报》这样讽刺道：一个反体制的标志反倒成就了一个皇家铸币厂，它的流行帮助华纳兄弟娱乐公司填满了金库。（华纳兄弟是美国百强公司之一，每年利润额高达数十亿美元。）

但这场运动比单纯一张面具要深刻得多，它背后的动机表明，年轻一代看待抗议的方式已经发生了巨大转变。臭名昭著的黑客活动组织"匿名"于 2008 年一次反科学教的抗议活动中首次戴上了这种面具。维基解密创始人朱利安·阿桑奇在 2011 年占领伦敦证券交易所的抗议活动中进行演讲时也戴着一个面具。据说，阿桑奇后来在警方的坚持下被迫摘下了面具。随后，这种面具在全球范围内流行开来，在有紧急抗议活动的地方经常能看到它，人们将其与阿尔贝托·柯达拍摄的著名照片——切·格瓦拉革命者肖像相提并论。超级英雄 V 已经成为年轻一代时尚的革命象征。因为如果被当局认出来，他们很可能会被判入狱，所以反对派似乎已将这种匿名面具作为抗议的象征。

面具背后的人是一位英国漫画艺术家，大卫·劳埃德。他创造出了漫画中最初的面具形象，对于这个形象成为全球年轻人的时尚象征这件事，他本人也感到十分神奇。受到好奇心的驱使，他亲自造访了"占领纽约"抗议活动所在地——纽约的祖科蒂公园，好亲眼看看人们戴上他设计的面具。"盖伊·福克斯面具现在已经成了人们反抗暴政的一个标志，或者一个方便的标语牌。"劳埃德这样说道。

劳埃德指出，原著是关于一个孤独的无政府主义者独自一人推翻一整个国家的故事。但《V 字仇杀队》电影的主角则是一群反叛的伦敦人，他们都戴着盖伊·福克斯的面具在议会前游行。正是这种集体认同感和集体匿名的形象吸引了"匿名"和其他反抗组织。

第一部分 空间

用劳埃德的话来说,"我的感觉是,'匿名'组织需要一个通用的形象来隐藏他们的身份,也用这个形象来象征他们的集体意识——《V 字仇杀队》原本是一个关于个人对抗体制的故事,但在电影中则有一个群体场景,一大群人在一家公司前大声抗议。"

劳埃德说道,与一般超级英雄作品的创作方式一样,当他和艾伦·摩尔创作 V 这个角色时,脑子里只有一个基本的概念,一个与法西斯独裁政权作斗争的城市游击队员形象,但他们也希望给故事注入强烈的戏剧性元素。就像死侍和其他许多超级英雄一样,V 也是不当科学实验的受害者,并且从此变得与常人不同。劳埃德说:"我们最初的想法是,V 将从给他做科学实验的集中营里逃出来,但后来我又有了个新点子,V 将在疯狂之中决定接受盖伊·福克斯的角色和使命。"

这些盖伊·福克斯的面具最初是华纳兄弟娱乐公司为了宣传这部电影而制作的,在电影上映时分发给观众。谁都不曾想到,后来这张面具的销售会迅速成为一种全球性的现象。劳埃德说道,他听说有传言称,美国警方正在人们家中搜寻这种面具,将它当作当事人与反企业的"匿名"组织以及政治活动有关联的证据。

所有这些都使得 V 比起其他超级英雄更显得特别。因为美国当局不会去搜查你家里的每一个角落,寻找你藏匿超人斗篷或美国队长盾牌的证据,但他们会去搜查盖伊·福克斯的面具。

第二部分
时 间

超级英雄中的科学

The Science of Superheroes

渴求速度：快银与动力学

"让人取得伟大成就的并不是肌肉、速度或反应力，而是思考、人格力量和判断力。"

——马尔库斯·图利乌斯·西塞罗

"速度常常会与观察结果相混淆。当我比别人先起跑的时候，看起来就像是我跑得更快。"

——约翰·克鲁伊夫

"蜻蜓是一种非常美丽的昆虫，也是一种'凶猛'的食肉动物。它有四只可以独立拍打的翅膀，这使它能够以高超的灵活性在空中运动。蜻蜓可以突然加速，可以停在一枚硬币上，还可以在空中悬停，向后飞，或在瞬间改变方向。"

——理查德·普莱斯顿，《纽约客》

眼前是一片静谧的景象，或者说，至少从表面上看起来是这样。这是 2013 年电影《地心引力》的开场片段。当摄像机缓慢而平静地逡巡着我们的地球时，地球的一部分出现在镜头中。随着一艘航天飞机渐渐靠近地球边缘，它的样子变得清晰可见。很快，一名宇航员出现了，他看起来似乎在如蓝色大理石般的地球上空冷静地滑行着。

然而这一场景却是自然界最具欺骗性的景象之一。这位宇航员，连同他的航天飞机和他将要去修理的哈勃太空望远镜,都在做着每 90 分钟绕地球一圈的运动。是的,每隔一个半小时,那位超级宇航员就会绕着我们的世界走完一整圈,这意味着他在以 28000 千米/时的速度旅行。早在 1941 年,超人的速度就号称"比飞驰的子弹还快"。没错,现代宇航员很容易就能成为"超人",因为他们会在轨道上以 8 千米/秒的速度运动。事实上,以这种速度,宇航员能在子弹射出 10 米之前穿过一个足球场。

并非一定得是超级英雄才能跑得比风还快。那么,这其中的关键是什么呢?想想《地心引力》电影中的情节。近地空间已经不像以前那么干净了。在宇航员进行维修哈勃太空望远镜任务的太空行走过程中,休斯敦的任务控制中心向宇航员发出了警告:一枚导弹击中了一颗失效卫星后引发了连锁反应,在太空中形成了一团碎片。他们必须立即中止维修任务,因为这些碎片正在以比子弹还快的速度冲向航天飞机!

让我们简单了解一下这件事情能有多危险。当这位宇航员试图返回航天飞机并打开气闸时,一块垒球大小的碎片砸穿了他的头盔,划破了他的头部,并将他暴露在可怕的太空真空环境中,导致了他的死亡。

超级英雄快银也会面临同样的危险。空气并不是"空"的,氮(78%)和氧(21%)等元素以及无数微观粒子构成了我们周围的空气。当你在空中移动并经过这些元素时,你就会碰到它们。这样会产生很大的摩擦力,最终会产生热量。你搓搓手就会明白这一点了。手掌之间的摩擦会使手掌升温,摩擦的速度越快,产生的热量就越多。在古代,我们的祖先正是利用这种原理摩擦木棍来生火的!

速度的本质

假如说你跟快银一样敏捷,能以 32000 千米/时的速度移动。在这种速度下,摩擦产生的热量足以烧掉你的脸。就算你能受得了高温,你还得对付空气中那些细小的尘埃颗粒。当你飞驰而过时,大气中的灰尘和沙子会在你的身上划出成千上万条小口子。你

肯定见过用了一段时间的挡风玻璃是什么样子的。想象一下，那些飞虫和甲虫会把你的脸和身体弄成什么样子，更不用说有鸟撞上来了！难怪快银对自己的装备如此挑剔。不过，你得担心一下快银在电影《复仇者联盟 2：奥创纪元》中的那套装备，因为在那部电影中，他身上穿的似乎就只是一件长袖 T 恤。

高速移动会对周遭的环境产生什么影响呢？人类对看到的东西做出反应需要大约 0.2 秒，所以我们可以计算出快银在高楼大厦之间飞速穿梭时的反应速度。假设快银还是以 32000 千米 / 时的速度移动，也就是说，他会在一秒钟内移动 8.9 千米（这只比我们前面提到的航天飞机快一点）。因此，在人类平均反应速度 0.2 秒的时间内，他将移动约 1.8 千米。在对路上出现的东西做出反应之前，他已经飞过 1000 多米了！他要么以超快的速度撞上最近的墙等障碍物，要么，他就干脆把自己的身体变成一枚导弹，摧毁前进道路上的一切！简而言之，如果一个拥有高速移动能力、但其他能力和正常人一样的人以 32000 千米 / 时的速度作长途飞行，那么事情最终会变得一团糟。

好吧，那么试试看使用蜻蜓的飞行策略怎么样？假设在你和目标地点之间没有建筑物的情况下冲着目标短暂地突然提速，这样做会如何呢？想象一下，一颗高速子弹即将射中一位遭遇险境的姑娘。你，我们迅捷的英雄，以超快的速度扑过去救援。你向这位姑娘猛冲过去，一把抓住她，将她带离危险的境地，然后迅速把她送到避难处。这听起来不错，虽然情节有些老套，但事实却是，姑娘因为她这位"骑士"而受的伤可能比中弹更严重。

这种"蜻蜓"式飞行的动力完全取决于惯性。牛顿在他的第一运动定律中明确提到了这一点，我们可以用通俗易懂的方式将其改写为：当没有被外力推动或拉动时，静止的物体将永远保持静止状态，而运动中的物体将永远保持匀速直线运动状态。

这里的"永远"这个词似乎有点让人难以接受。但是再回想一下电影《地心引力》，桑德拉·布洛克在其中扮演一位宇航员，这位宇航员在太空中"行走"，不过一旦她的身体运动起来，惯性就会使她永远进入太空深处。她利用灭火器的喷雾作为推力，把自己

第二部分 时 间

又推回到了正确的轨道上。

让我们回到关于姑娘躲子弹的讨论上来。当子弹接近时，除非发生什么事件改变了她的状况，否则姑娘将留在原地，也就是说她是静止的。当我们的英雄以快银的速度飞奔着前来救助她时，姑娘的速度会突然飙升至 32000 千米 / 时。结果会如何呢？姑娘的大脑会撞上她的头骨内侧。同样地，如果我们的英雄怀抱着姑娘突然停止飞速移动，那么姑娘的速度也会迅速下降，回到静止状态。这同样也意味着她的大脑会撞向头骨内侧，将她的灰质变成一团红色的果冻。她的内脏器官也会遭受类似的损伤。简而言之，从物理学的角度来看，我们的超高速英雄对这位姑娘所做的事，实际上跟用航天飞机撞她是一样的。毫无疑问，在撞击发生的那一刻，她会立刻死亡。

所以，如果你想通过高速移动和"蜻蜓"式飞行来拯救世界，那么你得先搞清楚这些状况。你可能想要拥有在空中以超高的灵巧度运动、轻松停在一枚硬币上以及瞬间转向的能力，但在此之前请一定先想一想，这些能力都是经过了数百万年的进化而逐渐形成的，比如拥有类似超能力的螳螂虾。螳螂虾在水中的速度如此之快，以至于当它经过时，它前方的海水甚至会沸腾。还有僧帽水母，其释放毒刺的速度是地球上已知最快的动物速度。在漫长的历史进程中，这些生物不断进化，才拥有了如此神奇的超能力。而我们要想成为速度大师，仅依靠速成的超能力是不行的。

博尔特和美国队长谁更厉害？

外景。华盛顿特区。

山姆·威尔逊在慢跑，史蒂夫·罗杰斯迅速追上他，从他身边跑过。

史蒂夫："在你左边。"

山姆继续慢跑，史蒂夫又快速绕了一圈。

史蒂夫："在你左边。"

山姆："啊哈，在我左边，知道了。"

山姆继续慢跑，史蒂夫又绕了一圈后，再次从后面跑过来。

山姆："别说话！"

史蒂夫："在你左边！"

山姆："拜托！"

山姆很生气，想加速追上史蒂夫，但几秒钟后他就跑不动了，于是停下来休息。当山姆坐在树旁喘着气时，史蒂夫走到他身边。

史蒂夫："需要医生吗？"

山姆（笑）："我需要一副新肺。伙计，你在30分钟里跑了21千米。"

史蒂夫："我想我起跑晚了。"

——克里斯托弗·马库斯与斯蒂芬·麦克菲利，电影《美国队长：冬日战士》剧本

第二部分 时 间

"我是一个活生生的传奇。有人说,如果我赢得这三枚金牌,我将成为一个不朽的传说,而我喜欢这样。所以我将为此而奔跑。"

——《每日电讯报》援引尤塞恩·博尔特在 2016 年里约奥运会上的讲话

"我是脱去了超人外衣的博尔特,我所展示的,是一个拼命逼着自己赢得下一场比赛,同时又极度渴望停下来的运动员。"

——保罗·海沃德,《每日电讯报》首席体育记者

"血清放大了内在的一切。因此,善良变得伟大,而邪恶则变得更糟糕。这就是你被选中的原因。因为一个一辈子都手握权力的强者会对这种权力失去尊重。但是,一个弱者则懂得力量的价值,懂得去同情……女士们,先生们,今天,我们不是向着毁灭又走出了一步,而是向着和平走出了第一步。我们首先要对受试者的主要肌群进行一系列微量注射。注入的血清会立刻引起细胞的变化。然后我们再以生命射线照射受试者,以刺激细胞生长。"

——亚伯拉罕·厄斯金博士,电影《美国队长:最初的复仇者》

在奥运会历史上,最著名的比赛同时也是最简单的比赛,地球上最强的八名短跑运动员以起跑姿势等待在八条跑道的起跑区,发令枪响起,肌肉和肌腱力量骤然爆发,紧接着,仅仅不到十秒钟,一位奥运冠军便诞生了。这场比赛是如此短暂而又简单,它比的是纯粹的冲刺力量。没有喷气式背包,没有小装置,没有超级英雄套装,只有自然、原始的速度。然而,在比赛中那些转瞬即逝的时刻里,百米短跑运动员们的身体表现出如此复杂的生理现象,以至于学者们至今仍在试图探究其中的机理。

你大概会以为这是件相当容易的事。早在 17 世纪末,英国著名科学家艾萨克·牛顿就开始了关于运动力学的研究。但是,当把这些运动定律应用于复杂的生物系统,如人体时,应用生理学和生物力学则会使事情变得更加复杂。

在过去的一百多年里，人类的速度变得越来越快。自 1896 年第一届现代奥运会举办以来，男子 100 米短跑就一直被定为奥运会比赛项目。奥运会短跑冠军被誉为地球上跑得最快的人，全世界似乎都会为了观看这场比赛而停下脚步。曾经，美国在这个项目上有明显的优势，在 27 次奥运会的 100 米短跑比赛中，美国共计获得了 17 次冠军。最佳比赛成绩从 1896 年美国选手托玛斯·伯克的 12 秒不断被刷新，直到尤塞恩·博尔特登场，于是全球顶级短跑运动员的故乡从美国变成了牙买加。

大脑是所有伟大运动员背后的无名英雄。在 100 米短跑比赛中，大脑会切换到自动驾驶状态。当短跑运动员们在起跑区就位时，他们必须在心理上屏蔽掉所有其他想法。他们的主要任务是保持稳定和专注。发令枪一响，大脑会立刻向肌肉发送即时信息，一切都会自动进行。短跑运动员将身体压低，肌肉猛然收缩，产生力量，蹬向起跑器。此时就该加速了。每踏下一步时，运动员都会先稍稍刹住动作，再进一步蹬向前方。对于顶尖的运动员来说，脚步接触地面的速度比眨眼还快。当比赛进行到一半时，运动员将达到最大速度。以尤塞恩·博尔特为例，他在比赛中达到的最大速度接近 48 千米/时。此时，脚踏在跑道上产生的力非常巨大，甚至大于运动员身体重量的 3 倍。而仅在几秒钟之后，身体中的能量存储下降，脚步也慢下来。当奥运会冠军看起来与其他比赛选手逐渐拉开距离、脱颖而出时，请记住这一点：他只是减速减得最少的。

已经有研究结果表明，相比于体重，短跑运动员能够跑多快，更多取决于他们踏步时对跑道施加了多大的作用力。博尔特看似是在沿着跑道飞速前进，但实际上，他的力量才是关键所在。当切换到慢镜头时，你就会看到优雅背后的真相。慢镜头显示出了运动员面部肌肉表面的涟漪，这是脚部踩踏地面受力的信号。正是这种脚下的力量使得博尔特如此强大，他踏步所产生的力不可思议地达到了他身体重量的 5 倍。而其他运动员达到的峰值约为身体重量的 3.5 倍。因此，科学表明，顶尖短跑运动员只需在跑道上踩踏出最大的踏步力，就有可能成为冠军。

美国队长和博尔特

我们可以单纯地将奥运会冠军与美国队长在速度上进行比较（忘记闪电侠和快银之类的家伙，还有他们愚蠢的伪科学速度吧）。2009 年，博尔特在柏林世界田径锦标赛上跑出的成绩为百米 9.58 秒，平均速度为 37.58 千米/时，这已经离城市限速不远了。根据山姆·威尔逊的说法，美国队长可以在 1 小时内跑 42 千米，这将使马拉松世界纪录缩短一半以上。但是很显然，我们并不应该把他们俩在这里进行同类比较，因为博尔特的传奇都是关于速度的，而美国队长的故事则都是关于耐力的。我们最好还是从脚步力量的对比来考虑他们之间的较量。

让我们开始比赛吧。第一场比赛：两名世界上最强的短跑运动员在自己的位置上各就各位。一号赛道上的是尤塞恩·博尔特，又被称为"飞人博尔特"。他是自比赛强制实行全自动计时以来，第一个同时保持了 100 米和 200 米世界纪录的运动员，被公认为是历史上最伟大的短跑运动员。八号赛道上的是史蒂夫·罗杰斯，又被称为"美国队长"。这位超级战士在 2011 年游戏媒体 IGN 的"有史以来前 100 位漫画英雄"榜单中排名第六，在 2012 年的"前 50 位复仇者"榜单中排名第二，在 2014 年的"25 位漫威最佳超级英雄"榜单中排名第二。

在起跑区，我们两位主角的大脑正在试图屏蔽其他所有想法。博尔特试着不再去想自己是否应该再多吃几块麦乐鸡块，他曾凭着吃麦乐鸡块赢得了三枚金牌，他估计自己在 2008 年北京奥运会期间吃掉了 1000 块麦乐鸡块。美国队长也在尝试着集中注意力，尽量把"是否应该把持有进攻性武器的发令员抓起来"这样的想法赶出脑袋。发令枪打响了，他们的肌肉也同时爆发出纯粹的冲刺力量。这一次仍然没有喷气式背包，没有小装置，只有美国队长的贴身套装。

现在，对踏步力量的较量开始了。或许在博尔特身上，脚步施加给地面的力已经表现得相当出色，但美国队长无疑会更出色。美国队长身上的主要肌群曾接受过一系列微量药物注射，他还注射了能够立即引起细胞变化的血清，再加上他的肌肉曾受到大量生命射线的辐射。我们可以假设，美国队长踏步所产生的力甚至会大于他身体重量的 5 倍，这一比例超过了博尔特。考虑到他能够在长跑中始终保持速度不变，因此，当短跑比赛接近尾声，能量储备减少时，美国队长的速度是衰减较少的。

还有什么其他的线索可以推断出美国队长的优势呢？在离开起跑器后，顶尖短跑运动员会迅速产生巨大的踏步力量，而且，他们在地面上踏出一步的速度比眨眼的速度还快了三倍。为了产生这样的力量，美国队长只需要将他落脚踏步的动作做到精确无误就行。

美国队长的耐力也是他的优势所在。人类短跑运动员不仅要不停地努力集中精神，还必须努力与疲劳作斗争，而疲劳几乎是在起跑的瞬间就开始产生了。如果生命射线对短跑还有什么其他影响的话，那就是从力学和化学上提升了人体应对疲劳的机制。有一个在静止的自行车上进行的实验，让骑行者在自行车上原地快速蹬车，然后，突然对他施加一个阻力。实验表明，在第二次受到阻力的时候，骑行者的力量会突然下降，并持续减弱，在跑道上也是一样的情况。与人类其他短跑运动员相比，博尔特的一大优势是他的步幅更大，这意味着他在一场比赛中只需要跑 41 步，而他的对手则需要跑 45 步，因此，他的肌肉疲劳程度更小。但与以耐力闻名的美国队长相比，这种优势就不存在了。

体育科学家们最常被问到的问题是，人类跑一百米的速度

第二部分 时 间

能达到多快？如果美国队长能够保持博尔特的踏步力，同时再让脚步与地面的接触时间缩短到 70 毫秒（比 80 毫秒减少一些），那么他将以 45.9 千米 / 时的最高速度创下 9.27 秒的新世界纪录。芬兰越野滑雪冠军埃罗·曼坦塔为美国队长能如何做到这一点提供了一些线索。曼坦塔有一种遗传缺陷，这意味着他的红细胞可以携带更多的氧气。他天生就是一个 X 战警，一个生来就自带兴奋剂的人。关键不是什么生命射线，而是氧气。

美国队长、飞人博尔特与猎豹

在我们被超人类的制霸能力冲昏头脑之前，想一想谦逊的猎豹吧。我们都很熟悉这种"大猫"，不过还是让我们再多了解一些关于猫科动物的事实。猎豹主要分布在非洲东部和南部，以及伊朗的一些地区。猎豹以其纤细的身躯、深邃的胸腔、黄褐色皮毛、小而圆的头和修长的腿而闻名。它的体形与其他大型猫科动物相比更加纤细，但它能变成一阵风，猎豹的最高速度接近 113 千米 / 时。想象一下：即便你沿着高速公路一路狂飙，这种最优雅的生物仍然会轻松地将你丢在它身后飘扬的尘土中。

让我们再进行一次虚拟的比赛。第二场比赛：这一次，我们把猎豹放在四号跑道上，在美国队长和博尔特之间，是时候进行一场真正激烈的比赛了。猎豹的主要优势是如火箭般的加速能力。于是，比赛刚一开始，这只猫科动物便一口气冲出起跑区，它以 5.9 秒的成绩完成比赛，远远打破了博尔特的世界纪录，连美国队长都赶不上它的速度。

第三场比赛：我们让人类和超人类选手先跑。如果我们把猎豹挡在起跑区内，让人类选手先跑出 40 米，那么比赛的距离就是剩下的 60 米了。当人类选手到达 40 米线时，我们释放出猎豹，它那不可思议的加速能力意味着它会迎头赶上，最后我们的三名选手几乎同时越过终点线。

猎豹速度的秘密是什么呢？首先它有着线条流畅的身躯，其中包含着比人类更多的"快缩型肌纤维"，即用来快速释放出爆发力的肌肉纤维。而人类的肌纤维主要是"慢缩

第二部分 时 间

型肌纤维",这种肌纤维可以增强耐力和持久力,就像我们优秀的美国队长那样,但在短跑冲刺中就没有那么好用了。其次是猎豹的脊椎。它的背部像弓箭手的弓一样弯曲,每迈一步,都会让它弹跳出最合适的距离。一旦出发,它会在一秒钟内就到达人类选手所处位置一半的距离。当人类选手到达比赛终点时,它那一步 7 米的步幅会让它几乎飞起来,到达终点时仍在继续加速。难怪猎豹用人类大概一半的时间就能赢得比赛。

海王处在生命之树上的什么位置?

"在古老的图示和文字中,地球上的生物进化过程被描绘为从无脊椎动物时代到鱼类时代、爬行动物时代、哺乳动物时代和人类时代的阶梯……我们只有找到、理解并接受另一种描绘生命进程的方式,才能打破弗洛伊德的基座,完成达尔文的革命。霍尔丹(印度生理学家、生物化学家、群体遗传学家)宣称,大自然比我们能想象到的更加怪异。但实际上,我们记录下的这种序列限制可能只是被社会性强加上去的概念,而并非真是我们的神经系统所遗传继承下来的限制。新的图示可能会打破这种被固化的概念。生物进化图应该是一棵树,而不是阶梯和序列,这是进化概念转变的关键所在。"

——斯蒂芬·杰伊·古尔德,《地球上生命的进化》

"我的大拇指上也有骨裂。这是人最不重要的一根手指,我说得对吗?!"

——侦探杰克·普拉尔塔,电视连续剧《神烦警探》

海王处在生命之树上的什么位置?他可能并不是每个人都喜欢的那种超级英雄,不过海王有着旺盛的生命力。自 1941 年登场以来,他一直是 DC 漫画公司最持久的超级英雄偶像之一。在漫画书的黄金时代(从 20 世纪 30 年代末到 20 世纪 50 年代末),海王与蝙蝠侠、超人、神奇女侠分庭抗衡。2017 年,海王以正义联盟成员的身份登上了电影银幕,他们联合起来,共同面对荒原狼带来的一场迫在眉睫的威胁——荒原狼和他的天堂军团即将入侵地球。作为"亚特兰蒂斯之王",海王所拥有的超人类的水下能力和大力神般的体力都来源于他的亚特兰蒂斯血统。2018年,海王有了自己的超级英雄电影。

海王的力量与水底王国紧密相连。在早期,当超人的力量无穷无尽,蝙蝠侠的科技才华无可匹敌时,海王必须不仅仅是一个超级英雄,而且要更人性化一点。但是,这位引人注目、复杂难懂的英雄是在人类"家谱"的哪个分支上诞生的呢?让我们考虑一下人类的进化过程,看看我们的水生近亲可能适合在哪里出现。

人类进化

现在,让我们从海王的传奇故事先转到另一个话题,如果我们尝试从游戏的角度探索人类的进化过程呢?

假设我们制作一款关于人类历史的策略游戏,在游戏里我们可以重复一遍人类的进化过程,那将会是怎样的呢?

要开始玩这款"世界游戏",我们必须从头开始追溯人类文明的进程。游戏要向前追溯多长时间来重新孕育文明呢?答案很可能是,我们要追溯到古罗马人或古埃及人之前,以及学者们所说的史前时期。事实上,答案或许是这款"世界游戏"将开始于石器时代。石器时代是早期人类的时代。早期人类不仅仅是指当今学者们称为"智人"(即"智慧的人")的现代人,还有在智人之前的人类祖先。石器时代是指人类祖先发展并进化为智慧生物,学会制造和使用工具以生存下来的整个时期。

这将是一款十分精彩的策略游戏!

我们的这款人类进化游戏需要包含迄今为止所有已知的人类时间线,这条时间线是根据我们从化石和其他来源中发现的人类进化情况而划定的。

1000万年前:早期猿猴遍布地球。

600万年前:进化出类人猿。

400 万年前：出现南方古猿（最早两足行的原始人类）。

200 万年前：出现最早的石器，能人出现。

190 万年前：最早从非洲迁徙出的直立人出现。

180 万年前：最早开始使用火。

25 万年前：智人出现。

在我们的策略游戏中，玩家需要吃东西才能生存。如今，购物变得轻而易举，不是吗？只需驱车前往超市，那里的货架上摆满了水果、蔬菜、肉和鱼。但在这款策略游戏中，从零开始文明进程的时候，玩家必须去狩猎，并收集他们自己的食物。他们必须为了生存而去寻找地球所能提供的财富。

在这款游戏中，石器时代的人类会猎杀猛犸象、驯鹿和水牛。通过实践，那个时期的人类得到了一个非常重要的发现：相互合作和群体的力量能够使狩猎变得更加容易。学者和评论员们常常强调在进化过程中所体现出的自私性。但事实是，石器时代的人类发现，相互合作产生的力量要大得多，并且参与狩猎的人越多，狩猎的结果就越好。如果他们进行的是有计划的狩猎，这一点便会特别明显。由于他们无法获得短管霰弹枪、乌兹冲锋枪和光子鱼雷之类的武器，所以计划、思考和彻底隐藏行踪远比纯粹的武力更加重要。这一点也必须被考虑到我们的游戏程序中去。他们所真正拥有的武器，应该是用地上的石头做成的武器，这一点也是至关重要的。现在，可以很容易想象出我们的策略游戏的武器菜单了——短管霰弹枪、乌兹冲锋枪和光子鱼雷的选项变灰了，但玩家可以自由选择"初级手斧"。

水猿理论

不过，先让我们向前回放一点，来看一看水猿理论，又叫作水猿假说。这一理论认为，人类是由两栖类人猿进化而来的。自从 20 世纪中期被首次提出以来，这一充满争议性的理论已经赢得了许多学者的支持㊀，其中包括英国博物学家大卫·阿滕伯勒。最初的理论是由英国海洋生物学家阿利斯特·哈代提出的，他是一位海洋生态系统方面的专家，他的研究涵盖了从浮游生物到鲸鱼的各种生物。在其职业生涯的后期，哈代在英国水下俱乐部作了一次演讲。一个月后，他在《新科学家》杂志上发表了一篇相关文章，题目是《过去的人类更具有水生性吗？》。哈代的论文介绍了水猿理论中的基本理论和方法，即类人猿是在水中出现的，它们丢掉了皮毛，开始直立行走，然后发育出了更强的大脑。

水猿理论的另一位支持者是著名的编剧伊莱恩·摩根，她还写了几本关于人类进化论的书。1972年，摩根带着她的著作《女人的起源》进入了这一领域。这本开创性的著作于1972年首次出版，并于1985年修订。这部著作第一次以充满智慧且不容置疑的方式论证了女性在人类进化中起到与男性同样重要的作用。

在《女人的起源》出版之后，摩根又于1982年出版了《水猿》一书。当摩根在德斯蒙德·莫里斯的《裸猿》一书中读到关于人类进化的"稀树草原假说"时，她被这个话题吸引住了。摩根对书中带有性别歧视的论点感到愤怒，她认为这些解释基本上是以男性为中心的。比如，书里解释说，人类脱去了体毛是因为他们在大草原上追逐猎物的时候需要流汗，但这个说法并不能解释为什么女性同样也脱去了体毛，因为根据稀树草原假说，女人们会待在家里照顾孩子。

当关于人类进化的稀树草原假说遇到麻烦时，水猿理论得到了进一步推动。此前，稀树草原假说曾作为猿猴向人类进化的证据被大量引用。它甚至被吹捧为人类从四足向两足进化的主要证据，因为据称，直立的步行姿态让人类能够看清楚热带草原上高高的草丛，警惕狮子或剑齿虎之类的大型猫科动物。然而，一块又一块被发掘出土的化石引起了人们的怀疑。20世纪后期的考古证据表明，数百万年前，早期人类所生活的区域是地球上那些过去曾是森林的地区，而不是热带草原。而对于大草原本身的看法也不再是

㊀ 目前这项假说已被否证。——编者注

超级英雄中的科学

第二部分 时间

075

最初设想的那样。新的研究表明，早期人类并不适合在大草原上生存。我们身体的降温系统在大草原这样的气候环境下表现不佳。我们身上有太多的汗腺，我们既浪费钠，也浪费水，并且我们不能一次性摄入足够的水，这些都是在大草原上生存的不利因素。因此，学者们大多在 20 世纪 90 年代中期抛弃了稀树草原假说。

关于水的总结

在我们继续研究策略游戏之前，让我们先考虑一下地球的情况。或者我们是不是应该称它为水之星球——亚特兰蒂斯人的家园呢？水在我们的世界上拥有着最强大的力量。许多人认为，水是这个星球上最具魔力的力量。水是世界的命脉，它塑造了大地的轮廓，它更新、循环着我们的天气系统。它通过向自然界中渗透输送关键成分来滋养生命。水是由具有爆炸性的氢和氧组成的。然而，氢和氧共同创造出的水却是一种无害的介质，它塑造了山脉、峡谷和海岸线。而当飓风来临、洪水暴发时，水的破坏力又令人心惊胆战。

它以一种历史书中很少提及的方式塑造了我们的生命。水，使地球活了过来。

在这样一个水的地位如此突出的星球上，学者们相信生命是在水中诞生的也就并不奇怪了，他们认为"水是生命的母体和媒介，没有水就没有生命"。"母体"这个词的意思是一块可以让生命在其中发展繁荣的栖息地。水，就是一种完美的母体。它是一种平和的中性物质，可以在一定的温度范围内保持液态。水在其他方面也是独一无二的。它能够与其他化学物质形成三维化学键，是一种活跃的媒介，也就是说，水能够使事情发生。水能产生使生命成为可能的微妙的化学作用，而这一点可以一直追溯到生命起源本身。

因为所有生命都需要水，所以学者们认为，地球上的生命可能在大约 38 亿年前起源于海洋。从那里出发，生命慢慢地在陆地上站稳了脚跟，但那是直到大约 4.5 亿年前才发生的事了。水里的生活似乎很幸福，于是生命们不想太匆忙地离开。

地球上所有那些种类繁多的生物都依赖于水的供应。大多数植物体内 80%~90% 都是水，水是种子发芽和植物生长所必需的因素；水使植物能够从土壤中吸收养分，并在细胞间运送养分；水还为植物细胞提供压力，使它们能够直立。

水生人类

在我们的策略游戏中，又有了一个新的场景，游戏从热带草原切换到了水生栖息地。进化研究认为，人类、大猩猩和黑猩猩拥有共同的祖先。尽管大猩猩和黑猩猩两者有着许多共同的特征，但人类的特征强烈暗示了一个完全不同的进化过程。水猿理论试图解释人类是如何变得与其他类人猿不同的。我们没有（明显的）体毛，直立行走，大脑发达，皮下脂肪厚实（很快还会更厚），这在水生生物中很常见。水猿理论认为，几百万年前，我们与其他类人猿在不同的进化道路上分道扬镳，因为有足够多的人类祖先发现，自己必须在洪水泛滥的半水生栖息地中再生存数千年。

我们是怎样脱去体毛的呢？尽管人类是灵长类动物（灵长类是包括了猴子和猿类的生物目），但在许多灵长类物种中，只有人类是"赤裸无毛"的。无毛哺乳动物的主要栖息地是地下或水生栖息地。所有其他体毛稀少或没有体毛的哺乳动物，例如海豚和鲸鱼，要么在水中度过大量时间，要么就跟大象和猪一样，经常在泥巴里晒太阳。

通向"裸猿"之路的还有皮下脂肪的问题。"皮下"一词在这里的基本意思是"皮肤之下"。毛皮对陆生哺乳动物来说可能是很好的保温材料，但对水生哺乳动物来说，最好的保温材料则是皮下脂肪。现代人是灵长类动物中最胖的一种，我们身体周围的脂肪细胞是同体型灵长类动物的十倍。我们是怎么变胖的呢？少想些什么史前汉堡之类的吧，多考虑一下冬眠和水，冬眠动物和生活在水中的动物都拥有大量的储备脂肪。与水生生物一样，人类的脂肪主要储存在皮下。陆生哺乳动物则不然，它们将脂肪储存在体内。

由于人类不太可能在热带草原上生活和生存，因为肥胖的人更难狩猎，所以当居住在水附近时，我们更有可能积累脂肪。

那么"两条腿好，四条腿坏"又是怎么回事呢？我们是唯一一种进化为永久性两足行走的动物。这不是一个容易的选择，像我们这样直立行走要比四肢着地行走困难得多。学者们曾经认为，我们首先发展出了较大的大脑，这可能是因为我们会使用工具和武器，然后才开始直立行走。但很快，化石的发现表明这种理论是错误的。实际上，我们在拥有发达的大脑之前就已经是"两足动物"了。但是，如果两足直立要比四足着地更加困难，那么我们又为什么要进化成为"两足动物"呢？

水猿很可能是一个合适的答案。水猿理论的学者表示，水生环境或是洪水泛滥的栖息地会迫使史前人类用"两足直立"的方式来保持头部露出水面，这似乎是一个为了维持生存所必需的习惯！在现代也有一些类似的例子，人们发现有一些种类的猴子似乎也在变为两足动物。当它们居住的类似沼泽的栖息地被季节性淹没时，它们不得不做出这样的改变，因为用两条腿走路是它们最好的选择。

因此，我们的人类进化游戏里需要添上一个水生的选项。对于水猿理论是否能够解释所有已知的关于早期人类进化的特点，学者们仍颇有怀疑。然而，从许多方面来说，这个理论都是一个非常令人信服的理论。水猿理论推测，最早的人类起源于大约 500 万年前洪水泛滥的非洲，栖息地的这种革命性的、突然性的变化，迫使人类沿着一条全新的发展道路继续进化。从那之后，早期人类的旅程也变得十分耐人寻味。

忙碌的海滩搜索

比如说，早期人类从非洲向外迁徙的这段旅途就有着很强的水生特性。在我们的策略游戏中，应该对相关的基因证据作详细说明，这些基因证据表明，在大约七万年前，早期人类的数量减少到大约只有两千人。早期人类几乎灭绝了，他们正用手指尖紧紧抓

第二部分 时 间

住石器时代悬崖的边缘。对于电子游戏来说，这无疑是一个令人兴奋的场景，游戏中任何一小处失败都会让屏幕闪烁起"人类灭绝！"几个红色大字。尽管冰河时代的来临让狩猎活动变得十分困难，但是，他们中的一小群人还是离开了非洲，最终来到了澳大利亚。

学者们是怎么知道早期人类迁徙到了澳大利亚的呢？他们的这段旅程几乎没有留下任何考古证据，那么他们又是如何到达那里的呢？第一个问题的答案很简单，在大约一亿年前，澳大利亚从盘古大陆分离出来（盘古大陆这个名称指的是古代地球上的一整块陆地，这块陆地大约在两亿年前开始分裂，形成了现在的大陆，例如澳大利亚）。澳大利亚大陆上的动植物种类整体上与其他大陆不同，那里并没有灵长类动物。所以，早期人类一定是从其他地方迁徙到澳大利亚去的。这个其他地方就是非洲。

据学者们估计，在迁徙的过程中，只有一小部分人，可能只有 150 人，穿越了红海。尽管在那个冰河时代，海洋从不曾完全干涸，但它已经窄到了可以让人类穿过去。海中可能还有岛屿，让人类可以使用木筏穿越海洋（人类进化游戏中提示红海木筏部分，在这一段游戏中，我们的玩家要乘坐木筏，勇敢地冲向远方的海岸）。早期人类从非洲出发，一路向东行进。在几千年的时间里，气候变得更加干燥，这让他们更加难以回头。

但此处的重点是，他们从非洲向澳大利亚迁徙的路线是水生环境。最明确的一条路线是沿着南亚的海岸线前进，这是因为沿海的气候或环境没有发生太大的变化。我们勇敢的旅行者和他们的后代踏上了这条路，在几千年的时间中，到达了今天的马来西亚，然后又到了澳大利亚。有考古学证据表明，澳大利亚土著人已经在这块大陆生活了 45000 年之久。他们生活过的痕迹直到现在仍然能被我们找到。他们还在洞穴艺术中留下了自己的印记。

亚特兰蒂斯人

这里存在着一种可能性，亚特兰蒂斯人是一种带有涡轮增压系统的水猿。水猿理论的学者表示，某些生理学特征是只有水生生物和人类才具有的，这证明了，我们的猿类祖先在从猿类向原始人类过渡的过程中经历了一个水生阶段。一种常见的进化理论是趋同进化理论——在不同血统的生物体中出现明显相似的结构。水生环境中的生物特征也解释了某些人类的生理特征，而在"非水生环境进化论"的说法则无法解释这些人体特征。我们的祖先从树上爬了下来，生活在食物丰富的小溪、河流和海洋中。当我们试图把头露出水面时，我们逐渐开始直立并脱去了体毛，长出了脂肪，以便在水中保暖。

我们也可以用趋同进化理论来解释亚特兰蒂斯人。水猿理论认为，正是通过适应具有一部分水生特性的栖息地，现代人类才逐渐变得两足直立且大脑发达。亚特兰蒂斯人很可能长有鳃。请注意，在人类胚胎的发育过程中会经历一个阶段，在这个阶段中，胚胎的颈部会长出狭缝和拱形，就类似于鱼类鳃部的狭缝和拱形。虽然这些结构在人类体内并不会发育成鳃，但在发育过程中的这一时间点上，它们与鱼类的鳃的结构非常相似，这个事实支持了人类与鱼类拥有共同祖先的观点。

于是，我们的策略游戏突然间从人类进化史变成了外星冈根族进化史。就像《星球大战》中的那些冈根族外星生物一样，人类中的亚特兰蒂斯人本可以长出鳃，学会在水中生存，逐渐适应在海底栖息地中生活，就像冈根人在纳布星上生活一样。亚特兰蒂斯人毕竟是一种海洋哺乳动物，而且，由于他们也是无体毛的，所以在我们的策略游戏里真的得给他们好好增增肥。典型的人体温度大约是37℃。即使是地球上最温暖的海水也只有27℃左右。在深海中我们可以称之为冈根深度的地方，环境温度会下降到4℃左右。简而言之，海洋是冰冷的。温血动物必须进化出厚厚的脂肪层来应对如此寒冷的环境。在某些版本的漫画中，海王的体脂率看起来还不到5%，这家伙显然还不够"肥"。为了更好地确定适当的体脂率，我们可以参考宽吻海豚，它们的体脂率高达20%。英国水下

第二部分 时 间

俱乐部任何一位成员都会坦率告诉阿利斯特·哈代爵士，即使穿着一套12毫米厚的氯丁橡胶湿式潜水服，在海水中潜水几个小时也会让你浑身冰冷得仿佛置身北极。而海王呢，他貌似并没有这么一套装备，所以他更可能受到体温过低症的关照，而不是正义联盟的关照。因此，在我们的策略游戏中，海王这个人物需要好好增增肥。

海王这条"活潜艇"还有个压力问题要解决。与海水相比，人类哺乳动物是低渗的。换句话说，海水中的分子比我们细胞中的分子要更密集。因此，如果海王将海水吸入肺部和其他气室，他必须保持体内的压力平衡，以使他的细胞能够正常工作。所以，他体内的细胞必须排出水分以增加细胞内的分子浓度。而当失水时，他的细胞就会萎缩，内脏器官会开始衰竭，最开始是肾衰竭，最后是循环系统和呼吸系统衰竭（屏幕上的游戏界面中，闪烁的亮绿色提示着"海王死亡！"）。让我们把科学怀疑的优势也带入我们的游戏吧，让我们为海王这个角色提供一些能够应对温度和压力等水中挑战的进化方式（再加上减压病问题，我们在本书关于钢铁侠和超人如何应对飞行物理学那一部分也讨论过这个问题）。

而最后，是所有这一切的喧嚣之声，深海中的混乱声响。我们应该给海王这个游戏角色带来什么样的游戏听觉体验呢？已经有很多文章讨论了电子游戏中的声音心理学以及音效是如何对游戏思维产生影响的。适当的旋律或音效可以唤起恰当的情感反应，那正是电影制片人数十年来一直在试图创造的效果。因此，声音是开发人员工具包中一种强大的素材，它能够使海王在水下感受到沉浸式的充满情感的氛围。而这种氛围，正是濒临死亡的海洋生物们的尖叫。

深海背景音中的主要噪声来自于虾类。虾类是海洋中声响最大的东西。数以万亿计的虾形成"虾层"，它们成群结队地摆动，产生泡沫，而泡沫又以如此巨大的规模爆炸，这可不仅是能让人保持清醒，它还会干扰潜艇的声呐系统，让戴着耳机的声呐操作员感到震耳欲聋。当潜艇位于比虾类形成的"虾层"浅的深度时，潜艇听不到下面的任何声音；反之，当潜艇比虾层深时，亦听不到上层的声音。这些成群结队的虾发出的噪声高

达 246 分贝，相当于空气中的 160 分贝，比波音 747 起飞时的声音还要响。

如果遵循 DC 漫画公司的传统设定，海王是能够与海洋生物进行对话的，还能与它们进行心灵感应，那么，海洋的噪声将对其造成永久性伤害。为了防止被冻僵，我们的这位海王角色不得不大量进食，以喂饱他那副增肥中的身体，而当他吃下数以万计的海洋生物时，他会听到被他吞下食道的每一种浮游动物所发出的疯狂尖叫。

海王的猎物还并不是他所身处的声音背景中唯一的骚动。在整片海洋中，食肉动物们啃噬着惊恐的被捕食者。由于海王被设定为生来就以他身体的每一寸热爱着他的海洋，那些垂死的海洋生物所发出的刺耳尖叫声肯定会让他心碎。"海王死亡！"屏幕上再次闪烁起绿色字体，而这时我们甚至还没有开始考虑人类在海上的种种暴行。海王会感受到每一次拖网留下的伤痕，亲身感知到许多鱼类和海豚被人类所布下的渔网和鱼线随意地杀害。屏幕上显示出游戏结束场景，画面中，海王像鱼一样喝着水，这是他在海面下生活时别无他法而不得不具备的一种应对机制。

如果说生命之树象征着生命的多样性与进化过程，那么海王便是那棵树上最为独特的一片叶子。在生命之树的隐喻中，海王，犹如水猿进化路径上的璀璨果实。他不仅是海洋的王者，更是人类与古老水生祖先联系的桥梁。海王的存在，验证了水猿理论中关于人类进化与水生环境深刻关联的猜想，展示了生命之树上那跨越陆地与海洋、过去与未来的奇妙融合。

超人真的能操控时间吗?

伤心欲绝的超人将已经死去的露易丝轻轻放到了地面上。他轻抚着她的面颊,弯下身去亲吻她。当完全放手时,露易丝几乎从他身边滑落。他摇着头,开始禁不住责怪自己。

超人(抬头望天):"不,不!不!不!"

他痛苦地大喊,接着,他双眼一闭,冲上了天空……

外景。天空之上,白天。

超人飞到了云层之上。

乔·艾尔:"我的儿子,你不能干预人类的历史。"

但超人已下定决心。电光一闪,他再次冲向前方。

外景。太空,地球低空轨道。

超人沿着轨道以不可思议的速度环绕着地球飞行。

他的脸上显示出决心和痛苦。他的身体四周环绕着蓝色的光线,这或许是因为在如此高速行进的情况下,光线产生了蓝移现象。

他以超高的速度一圈又一圈地绕地球飞行,地球自转开始慢了下来。他飞行的速度越来越快,已经数不清到底飞了多少圈,直到地球自转完全停了下来。超人却没有停下,他继续飞,于是地球开始慢慢地反转。

外景。沙漠，白天。

时间倒流，石头和泥土向着山顶滑去。

超人正在用这种方式干预着地球的历史，他的表情依旧坚定，也依旧痛苦。

外景。汽车，白天。

露易丝一次又一次地试着发动她的汽车，但是一次也没成功，这时超人从空中降落下来，落到了她的车后。露易丝感觉到有什么新情况发生了。她抬头四处望了一圈，最后才看到超人。她摇下了车窗。

露易丝一边夸张地做着动作一边抱怨道："一座加油站在我车子旁边爆炸了，电线杆落得满地都是，我差点死掉，最糟糕的是这节骨眼上车偏偏没油了！"超人站在她身后微笑着听她抱怨，直到她转过头看着他。

超人（微笑）："好吧，对这一切我感到很抱歉，露易丝，但是我刚才真的有点忙。"

——电影《超人》

"所有实际存在的物体都必须在四个方向上延展，它必须有长度、宽度、厚度和时间跨度。但从一具天生脆弱的肉体的角度看来，我们倾向于忽视这个事实。实际上，存在着四个维度，我们将其中的三个称为空间三维，而第四个，则是时间。"

——H.G. 威尔斯，《时间机器》

操控时间一直都是超级英雄故事中的热点。毕竟，如果你梦想着拥有一千个人的力量，或者飞得像游隼一样快，或者能调动一整个星球的自然之力，那么操控时间一定会排在你这串梦想清单的头几位。如果时间能够被操控，如果时间能够被阻挡，那么，我们就能骗过时间所带来的腐朽和死亡了。这是超级英雄的终极挑战目标。

最先提出宇宙具有四个维度的是 H.G. 威尔斯，他在 1895 年出版的小说《时间机器》中提出了这个观点。威尔斯笔下的时间旅行者是首批提出前三维是空间、第四维是时间的人之一。时间旅行者还说："尽管如此，人们总倾向于在前三维和第四维之间划出一条

第二部分　时　间

无形的界限，因为碰巧的是，在我们的一生中，我们的感知间歇性地沿着第四维朝着同一个方向行进，即从出生到死亡。"

威尔斯当然不是第一个梦想着时间旅行的人。有些更早的民间传说中也有关于时间旅行的小故事，但在那个年代，这些时间旅行的故事大多都是些梦幻般的魔法，还掺杂着神话传说。比如，在萨缪尔·梅登 1733 年所著的小说《二十世纪回忆录》中，一位守护神带着来自 1997 年和 1998 年的书信穿越回了 1728 年。约翰·赫尔曼·韦塞尔 1781 年所著的小说《安诺 7603》写的是一位善良的仙女把人们传送到了 7603 年，而在那时的社会中，男女性别的角色是颠倒的。

但 H.G. 威尔斯的确是最早提出关于时间旅行机器概念的人之一。他提出了一种时间旅行装置，或者叫时间机器，这个概念可以追溯到古希腊关于时间的概念本身。最初古希腊的"时间"是个双重概念，包括了"时序"和"契机"这两种含义。"契机"指的是一小段时间，在这一小段时间中会有某些事情发生。而"时序"则更着重于时间的度量、序列，是机械性的时间。科学和技术把机械性的时间推到了前排。

关于时间的题材风靡一时。时间的概念被泼洒在了立体派画作的画布上。20 世纪初期，毕加索和布拉克这样的画家们创作出了奇特的画作。在同一个平面上，人们能同时看到从各种不同的角度所看到的画面。画家们同时运用了四个维度，以给予人们更加深刻的感知。这是一种革命性的全新的看待世界的方式。时间出现在 19 世纪 90 年代艾蒂安 – 朱尔·马雷⊖的定格动画作品中，随即又走上了电影大屏幕。时间的概念激发了法国画家马塞尔·杜尚的灵感，他在 1912 年创作出了颇具争议的画作《走下楼梯的裸女》，这幅画作利用一连串互相叠加的图像生动地描绘出了时间和运动。

时空诞生了。关于时间的文化概念已经十分活跃，爱因斯坦又为这一时间文化提供了一个全新的看待第四维度的视角。他的相对论为时间和宇宙的本质提出了一种全新

⊖ 发明了连续摄影枪的法国科学家。 ——译者注

的解释：运行的时钟会变慢；时间会因引力而变慢；不管观察者如何运动，光速都是恒定不变的。这是一场关于时间的革命，而这似乎引起了西班牙超现实主义画家萨尔瓦多·达利的抑郁症。在达利的众多画作中，他于1931年创作的《持续的记忆》尤为清楚地显示出了他内心的焦虑。对于爱因斯坦提出的引力扭曲时间的概念，达利画作中那些柔软下垂的时钟就是一种生动的诠释。

漫画书追赶上时代的热潮

一段时间之后，漫画才跟上了这股文化浪潮。不久之后，关于时间旅行的故事也开始频繁出现在漫画作品中。名为《2419决战世界末日》的一套漫画里，主人公安东尼·罗杰斯被传送到了2419年。如今家喻户晓的竖条漫画《巴克·罗杰斯》就是在这套漫画的基础上改编的。1942年，《全明星漫画》第十期中描绘了美国正义联盟是如何穿越到了500年后，并成功地将防御炸弹攻击的方法带了回来的故事。到了1952年，雷·布莱伯利的作品《雷声》开启了讲述不同时间线和情节线的故事流派。雷·布莱伯利所提出的"蝴蝶效应"说的是过去的某个改变会严重地影响未来的走向。

DC宇宙中最著名的时间旅行者是闪电侠。他能够以超高的速度迅速移动，这意味着他不仅可以在漫画书中与敌人作战，而且还可以在30世纪的遥远未来与敌人作战。在这股扭曲时间线的故事新热潮中，闪电侠只是其中的一个例子，而这类的故事情节则变得越来越复杂。于是，尽管在最开始，时间旅行只是个相对简单的概念，后来却变得极其复杂，故事里挤满了同时存在于多元宇宙中的平行世界和时间线，以至于DC漫画公司不得不把关于时间旅行的故事记录统统清除，再让一切从头开始。

或许在复杂的时间旅行里陷得最深的超级英雄就是超人了。在1978年上映的电影《超人》中，一开始，我们的超人无法阻止露易丝·雷恩的死亡。超人悲愤万分，他无法就这样无所作为地接受露易丝死去的现实。于是超人下定决心，飞出了养育他的地球，

第二部分 时 间

开始在地球之外的高空中以超高的速度围绕地球飞行，使得地球开始反转起来。接着，时间倒流，世界又恢复了正常，露易丝复活了。但这样做真的能成功吗？这种操控时间的方法真的能实现超人想要的时间倒流吗？

电影回放

为了搞清楚超人到底想做什么，让我把电影中的这个场景再回放一遍。当一开始你看到超人绕着地球飞行，划出道道发光的轨迹时，你可能会想，超人正在以超光速飞行。但是再仔细想想就会明白，其实他正在穿越时间，目的是让地球反着转。接着，他让地球反着转动了一段时间后，他又让地球的转速减慢，然后再让地球重新正着转。似乎这一段是想让我们相信，超人用了某种超能力来改变地球的自转，进而影响了时间流向，就好像地球是某种节拍器，整个宇宙都得随着它的节拍跳动。

其实，用蛮力改变地球的转速并不能让时间倒流。当发现这一点时，你大概并不会感到多么惊讶。地球的自转并不能主宰整个宇宙的时间流向。但是，请注意一个问题：超人真的在以超光速飞行吗？假如我们真去一板一眼、费时费力地把超人绕地球飞了几圈数清楚，我们就会发现，他一共飞了 65 圈，用时 17 秒。地球在赤道处的周长约 4 万千米，于是我们发现，超人的飞行速度其实只有光速的一半。所以说，就算超人真的能达到光速并且让地球反转，超人在电影里的飞行速度也是不够快的。

超人，小心点对待地球

但超人要怎样让地球反向自转呢？想要让地球先停止自转，超人要么用某种方法直接抓住地球，要么就得使用某种间接的阻力来让地球减速。阻力的作用方向与物体在介质中相对移动的方向相反，阻力的大小部分取决于移动物体周围介质的密度。超人身后产生的阻力会传导到周围的空气中，有一部分甚至会传导到地球表面，并使地球自转开始减速。但是，超人身后的阻力必须非常大才能让地球慢下来，这是因为地球的惯性大得不可思议。惯性是物体保持静止状态或匀速直线运动状态的性质，它会抵抗运动状态的变化，所以在这里，地球会抗拒自转转速发生改变。事实上，地球的质量重达 5.965×10^{24} 千克，或者说差不多有 60 万亿亿吨，并且在以每小时几千千米的速度转动。这个数字意味着，不要说把地球停下来然后再让它反着转动，就算只是让地球的转速慢下来，其所需要的能量也已经不仅仅能毁灭地球，还会将地球撕裂开来，就好像它被死星撕裂那样。

还好超人不能真的让地球自转减速，然后再让它停下，因为这样的结果将会是毁灭性的。这就像是在一辆平板皮卡车后面装上一吨水，让车子以惊人的速度行驶，然后再让它在高速公路上的某处突然急刹车。这会让电影《圣安地列斯地震》中的海啸看起来就像是浴缸里的小涟漪。既然我们谈到了关于水和地球自转的话题，那么就顺便说一句，今天，人类已经基本上能够掌控住水。我们的水库的存储量超过一万立方千米，这相当于地球上所有河流总储水量的五倍之多。而由于绝大多数的水储存在人口相对较多的北半球，这些水的重量的确改变了地球的自转速度，它使得地球的自转加快了。在过去的四十年间，地球的自转因此而加快了八百万分之一秒。

关于以光速运动，最后再说一句，如果超人在地球上空加速飞行，无辜的旁观者们首先会听见他打破声障的声音。随后，当超人飞行速度加速到相当于航天器重返地球大气层的速度时，他前面的空气就会不断升温，以至于这些空气会逐渐转变为一团发光的等离子体，在超人飞速经过时，这团空气等离子体会在他周身形成一层包裹。超人周身的这层等离子包裹所带来的冲击波会辐射到地面上，干掉身处在超人飞行路线之下的人们。最后，一旦超人的速度达到了光速的一半，他前方的空气就会发生核聚变并释放出伽马射线，他周围的等离子体会释放出 X 射线，随即发出冲击波，于是超人就变成了一件超级核武器。你看，超人改变时间就是一个玩笑。他飞到哪里，哪里就会随之毁灭。

生如洛基：永生是一种拖累吗？

"就我个人而言，我一点也不想永生。没有什么比沉睡更好的了，因为在沉睡中，没有不能实现的愿望。我们在出生前就拥有它，但出生后我们也没有抱怨。我们应该为知道它会回来而抱怨吗？不管怎样，这对我来说已经足够了。"

——H.P. 洛夫克拉夫特，《精选信件五》

当全世界尚且年轻懵懂，
山中仍有魔法重重。
超人们排成一列长队，
守护着一座无爱之岛。
恐惧萦绕上他们的眉间，
悲剧的生命永无终点。
沉重的叹息，可怕的安静，
神奇的存在，不得已而永生。
他们进行着怪异的游戏，
然而从无死亡降临。
在他们身上，生命恒一，

第二部分 时 间

超凡的神啊,轻声哭泣。

——大卫·鲍伊,歌曲《超人》

"我不相信个人的永生,我认为人类对于伦理的关注应该是无一例外的,超人也不应有超越伦理的权利。"

——阿尔伯特·爱因斯坦,《阿尔伯特·爱因斯坦谈人生》

"我不想通过我的作品实现永生。我想通过不死来实现永生。"

——伍迪·艾伦,《论搞笑》

他很美,这是一种难以捕捉,也难以看清的美,因为他在任何时候都在变化。他闪烁,飘移,融化,混合;他是一团火焰;他是倾泻而下的瀑布中物质分子的湍流之线;他是一阵无名的风,把云朵吹成一条一条,一浪一浪。人们或许会看见,天边一棵最为光秃的树木倏然被风吹弯,这棵树伸出它扭曲的树枝,接着,它突然变成了骗子洛基的形状。作为约顿海姆冰霜巨人中的一员,洛基几乎在各个方面都拥有一系列超人的特质,但其中最重要的特殊能力是,他强悍到能抗住大口径的枪弹。他不会得任何疾病,也不怕任何毒药,还不会衰老。

在经典漫画以及一般的思辨思维中,永生都是最重要的主题之一。永生常常被包裹进长生不老药和不老泉的概念中,在科幻小说里,这两种东西经常是各种冒险的目标。就像在洛基的故事里一样,它们意味着超长的寿命,不会衰老,而且相对来说不容易被毁灭。

然而,作家和思想家常常会怀疑所谓的永生。永生常被看作是一个虚幻的目标,呼应着某些传说和故事,例如古希腊神话中科林斯国王西西弗斯被罚永不停歇地将一块巨石滚上山顶。

作家很少对永生的社会影响持热衷的态度。许多作家都暗示过,永生可能会导致社会陷入一种贫瘠状态，即社会不再发展，也不再有任何变化。即使是那些对永生持较为乐观态度的作家，也倾向于选择永生导致社会精英化的思维路线，这也就是说社会中一小群永生的精英人群生活在一大群凡人之中。当乔治·萧伯纳在其作品《回到玛土撒拉》中表现出对人类普遍长寿的热情时，最先提出"机器人"一词的科幻作家卡雷尔·卡佩克对萧伯纳的回应是，永生将是一场彻头彻尾的噩梦，即使对某个个人来说也是如此。

那么，你可能会问，永生到底有什么不好之处呢？对于一个 5 岁的男孩来说，一年的时间就占了他生命的 20%。而对于已经 25 岁的孩子母亲来说，一年的时间只占她生命的 4%。对于不同的人来说，同样的 365 天感觉却非常不同。随着现代医学的进步，这个男孩很有可能活上一百年，也就是 36500 天。然而，让我们想象一下能活 36500 年的情况吧。

如果我们这个男孩真的能活 36500 年，那么一年对他来说就像是一天那么短暂。让我们再回到洛基。在数百万年的无聊生活中，洛基的情感还能保持真诚吗？或许这就是洛基看起来如此反社会的原因。如果人类得到永生，可能会变得非常悲伤和孤独，因为他们知道自己已经并且将永远活得比他们所爱的每一个人都更长。但洛基在乎吗？也许他是个完美的永生者，不断变化的行动和情绪对于他来说完全是件无聊的事。

如果每个人都能得到永生呢？当基因密码被破解之后，生物技术研究意味着科学可能真的能够让生命的火花持续燃烧下去。实现这一点的方法有许多种，从优生学、基因工程的疗法和药物到使用合成器官，或成为半机械人来人为地延长寿命。还有一种永生的方法是将人类意识转移到新的身体中。在某篇描述未来永生的科幻故事中，人类将自己的意识转移了很多次，以至于他们开始把自己看作是神。这离变成洛基这样的反社会分子已经不远了！

当地球上充满永生

想象一下，地球上到处都是这样永生的"神"。我们的星球只有这么大，那么大家都住在哪里呢？美国小说家哈里·哈里森 1966 年出版了一本科幻小说《让地方！让地方！》，书中探讨了人口急剧增长对社会的影响。在全球人口达到 103 亿的未来，世界面临着过度拥挤、资源短缺和基础设施崩溃的问题。电影《绿色食品》就是根据这部小说改编的，影片中通过人吃人的办法来让地球养活更多的人，这听上去过于恐怖了。

当人类获得了永生，在恋爱方面又会产生怎样的阴暗面呢？想象一下，我们的洛基每一百年就会爱上一个伴侣。这意味着在我们的一夫一妻制度之下，这个永生的男孩将在一百万年内拥有一万个伴侣。那可真是一项挑战，它将彻底改变所谓"认真恋爱关系"的定义。就说一件事，在那一万个伴侣中，他能记住多少个人的名字？

事实上，对"神"来说，记忆也同样是个问题。人们很少能清楚地记得他们去年做了什么，尤其是在他们只有 5 岁的时候。想一想，你已经忘记了多少过去的事？除非你真的拥有非凡的记忆力，否则你绝大多数过去的记忆都有可能永远消失。如果说，我们连回忆 5 岁时发生的事都成问题，那么如果活上一千年，甚至活到了一百万岁时，又能记得多少呢？人类的大脑容量是有限的，这意味着我们根本没法回忆起生活中的所有细节，因为我们的大脑会用更重要的数据去取代那些无用的记忆。就像那些银行总指望你能答出来一堆琐碎的安全问题，而你根本记不住。

另一个与永生相关的邪恶机制则完全归功于达尔文。是这样的，人们看起来并不总是相同的。根据达尔文的进化论，女性发现高个子的男性更有吸引力，那么高个子的男性就更有可能成为结婚对象。这意味着基因库中会有更多的高个子基因，所以到了下一代，会有更多的孩子拥有高个子基因。在一百万年中，这种性别选择将会反复迭代，这意味着人类的平均身高将比今天的平均身高要高得多。当然，这需要先假设人类没有被自然灾害完全摧毁，比如小行星撞击、巨大的太阳耀斑等。

大多数人认为，人类的祖先是短毛类人猿。我们现在看起来已经不再像猿猴了，但其实人体从头到脚都是毛发，只是大部分毛发都很细很白，人眼根本看不见。显然，我们的外表并不是一成不变的。随着时间的推移，我们的外表在慢慢进化，体毛也逐渐稀疏。现在，请把你自己想象成是唯一的永生者，生活在一众凡人之中。每个凡人都会一代又一代持续进化，这样，到最后你会看起来和你周围的每个人都不一样。想象一下我们在侏罗纪公园里对着尼安德特人大开玩笑吧。大多数现代人都不会和这个家伙交朋友，只会打电话给当地的自然历史博物馆。

像洛基一样成为永生者还有一个缺点——伤痕累累。永生是一回事，但不可战胜却是另一回事。永生并不一定意味着不可战胜，它仅仅意味着你死不掉，却并不能保证你的身体健康。想想看，一个正常的人体上会留下多少疤痕。再想想看，如果一个永生者活了一千年，那么他的身体上又会留下多少永久性的伤疤！

考虑一下美国的残疾率吧。仅一年之内，美国就有近二十万的截肢患者出院，其中大部分是由于疾病或事故。与3.25亿的总人口和80岁左右的预期寿命相比，这个人数所占的比例似乎很低。但如果你已经活了一百万年，你所有肢体都还健全的机会微乎其微。事实上，你更有可能已经受到了某种严重的创伤，甚至多种创伤，你的ISS损伤严重程度评分（一种用于评估创伤严重程度和发生率的医学评分）会相当高。

再想一想那些精致的身体器官，比如眼睛、鼻子、牙齿和脚趾。在一千年、一百万年以后，你仍然保留着所有牙齿和双眼的可能性有多大？你看起来八成不像洛基，而更像是双面人。你确定自己还想和洛基一样长寿吗？

美国队长：超人实验

"我教你们的是如何成为超人。人类是一种需要被超越的物种，你们都做了什么来超越人类呢？迄今为止，所有生物都创造了超越自己的东西，你们呢？难道你们想成为这股洪流中的低潮吗？甚至宁愿退化成野兽，而不是超越并战胜人类？猿猴对人来说是什么？是个笑柄，或者是痛苦的尴尬。而以后，人类相对于超人来说就会是如此——成为笑柄或痛苦的尴尬。你们已经从虫子进化成了人，但你们身上的很多东西仍然属于虫子。你们曾经是猿猴，即使到了现在，人类也比任何猿猴还要像猿猴。超人是地球的意志。让你的意志大声说：超人将会是地球的意义所在。而人类只是一根纽带，一根系在野兽和超人之间的纽带，一根越过深渊的纽带。人类的伟大之处在于他是一座桥梁，而不是终点。"

——尼采，《查拉图斯特拉如是说》

"我确实相信人类是动物和超人之间的一根绳子，但我所想的超人和尼采所说的超人是不同的。真正的超人，无论男人还是女人，都是那些摆脱了所有偏见、神经质和精神病的人，是那些实现了自己作为人的全部潜力的人。他出于温柔、同情和爱而自然地行事，独立思考，拒绝随波逐流。这才是真正的超人。"

——菲利普·约瑟·法默，《黑暗设计》

为什么科幻小说总要讲那么多超人的故事呢?

就拿美国队长来举例。史蒂夫·罗杰斯是一个骨瘦如柴的美术生,成长于美国大萧条时期。可以理解,史蒂夫对纳粹可怕的暴行感到十分震惊。他试着去参军,但他那瘦弱的身体让他以落选而告终。然后亚伯拉罕·厄斯金教授登场了。他是科幻小说里一位典型的科学家,痴迷于研究超人。厄斯金的项目是利用前沿科学将美国士兵的身体机能提升到完美的程度。在被注射了"超级战士血清"之后,史蒂夫成了厄斯金教授的实验中唯一成功的结果,他从极度虚弱的弱小者变成了超级强大的超人。

这就是科幻小说的怪异之处。自文艺复兴以来,大多数主流小说都不涉及那些科学所揭示出的神奇世界。诗歌与物理定律关系不大,这才是主流的思想。但也有一些早期的先驱,例如19世纪初的浪漫主义诗人们,他们着迷于当时全新的、不断发展的科学。威廉·华兹华斯在《抒情歌谣集》中写道:"如果科学工作者们的劳动真的创造出了实质性的革命……那么对于我们诗人们来说……那时的诗人们不会像现在这样沉默不语,他们将紧紧跟随科学工作者的脚步,他们还将站在科学工作者身边,将感知力带到科学之中。"

最早期的科幻小说所做的事,是试着最恰当地表达出"科学发现的味道、感觉和它们对于人类的意义"。科幻小说的内容是关于科学和进步的。它是一种思维模式,努力去缩小科学所揭示的新世界与想象中奇妙世界之间的差距,这其中也包括了进化成为超人的可能性。回到浪漫主义时代,另一种痴迷开始了,那就是进化。

进化这个词自然而然地成了查尔斯·达尔文的同义词,但更早先还有另一位激进的进化论者,他就是查尔斯·达尔文的祖父伊拉斯谟斯·达尔文。达尔文小时候就深入阅读了祖父关于进化论的伟大著作《动物法则》,书中充满了对生命从同一祖先进化而来的由衷感叹。

浪漫主义诗人塞缪尔·泰勒·柯勒律治宣称,伊拉斯谟斯·达尔文是"欧洲文学人物第一人,也是最有独创性的人"。有一首伊拉斯谟斯写的关于进化论的诗,其中颇具科幻色彩。诗里准确无误地预言了一座巨大的未来城市，那里矗立着幢幢摩天大楼，居住着过剩的人口，核潜艇护卫队和汽车在其中穿梭。从这首诗里很容易看出早期浪漫主义者、科幻小说和超人之间的联系。

当查尔斯·达尔文于 1859 年出版他自己的进化论著作，即赫赫有名的《物种起源》时，另一种全新的问题范式被开启了，即进化的过程是怎样的？人类会变成什么样？用阿尔弗雷德·丁尼生的话来说："地球苍白的历史正在运行着，但与数以亿计的恒星相比，那不过是一群蝼蚁的麻烦，那又算得了什么呢？"这种关于进化论的隐喻不可抗拒地兴起，在 1870—1900 年间，仅在英国就催生出了大约 70 部未来主义的科幻作品。

有一本讨论超人问题的著作，其中讨论更多的是事实，而非幻想故事。这本书就是德国哲学家尼采所著的《查拉图斯特拉如是说》，这部著作同样也是受到了达尔文的启发所著。尼采在这本书中确定了人类进化的三个阶段：猿猴、现代人以及终极的超人。正如尼采所说："猿猴对人来说是什么？是个笑柄，或者是痛苦的尴尬。"以后，人类相对于超人就会是如此，成为笑柄或痛苦的尴尬。现代人只是猿猴和超人之间的过渡。为了让人进化成为超人，人类的意志，即生育的意志，或达到目的、达到更高更远目标的动力，必须推动这种进化。

2001：太空超人

有一个例子能够很好地说明尼采的著作是如何融入科幻作品的，那就是电影《2001：太空漫游》。这部电影上映期间正是外太空假说横行的时候，即 1966—1969 年之间。外太空假说认为，UFO 就是外星人造访地球的飞船。显然，这个假说也是因为受到了科幻小说的影响而产生的。《2001：太空漫游》用成熟的手法对神秘的、存在主义的、难以捉摸的外星人进行了成功刻画，电影也因此而闻名，其将科幻电影提升到了一个新的水平。在被问及两百年后哪些电影会仍为观众所熟悉时，美国著名影评人罗杰·艾伯特选择了这部《2001：太空漫游》。另一位评论家声称，这部电影是"电影跨时代的成就"和"技术杰作"。这部电影，而不是《2001：太空漫游》这本书，使阿瑟·C. 克拉克成了世界上最受欢迎的科幻作家之一。电影《2001：太空漫游》成为许多人讨论的经典，尽管并不是所有人都能理解它的内容。

《2001：太空漫游》也是关于超人的故事。跟尼采的作品一样，这部电影也通过三个阶段来描绘人类的进化历程。正如电影的副标题所示，电影叙述的是一场人类的太空漫游之旅，从人类之前的类人猿，直到后人类的"星子"。在这个跨越400万年的电影故事中涵盖了科幻小说的每一个大主题——空间（通过外星文化遗物来接触外星空间）、时间（进化的寓言）、机器（人机接触，计算机哈尔最终变成了杀人犯）和怪物（人类变异）。在《2001：太空漫游》的第一篇章中，太阳自地球的原始平原上冉冉升起，背景伴随着理查德·施特劳斯受尼采启发所作的配乐，这首乐曲的名称就叫作《查拉图斯特拉如是说》。一小群可悲的类人猿正走在通往种族灭绝的漫长道路上。

但我们现在要说的是一个达尔文式的关于超越，而并非关于灭绝的故事。这段超人之旅始于一个原始人向空中骄傲地抛掷出一块动物骨头。在一个令人震惊的电影镜头切换中，骨头瞬间变成了一颗轨道卫星，300万年的人类进化史在短短一帧电影画面中被一笔带过，然后人类就已经是这样了。驱使这群早期原始人进化的是一块状如黑色巨石的外星遗物。原始的丢骨头技术标志着当今时代的诞生。从一开始，人和机器就是密不可分的。神秘的巨石改变了人类未来，超人之旅开始了。

美国队长：尼采的超人

尼采也影响了《美国队长》的创作。第一部《美国队长》漫画封面上的出版日期是1941年3月，但其实它在1940年12月20日就发售了，漫画中有主角殴打纳粹领导人阿道夫·希特勒的情节。这部漫画是在珍珠港袭击事件发生的前一年发售的，大约卖出了一百万册。美国队长和希特勒的故事令人好奇，因为他们这两位都受到了尼采哲学的影响。

在《查拉图斯特拉如是说》的序言中，尼采将他的超人称作是人类的救世主。相对的，他也谈到了"最后的人"或"最后的种族"。"最后的人"与他想象中的优越物种"超人"相反。尼采说，"最后的人"厌倦了生命。他们不愿意冒任何风险，只寻求安全和舒适。尼采嘲笑现代社会和西方文明，他说成为"最后的人"显然就是他们给自己设定的目标。"最后的人"的生活是和平且满足的。统治者和被统治者之间没有区别。人与人之间没有强弱之分，没有至高无上的权力凌驾于平庸之上。社会斗争和挑战被边缘化。每个人都平等地生活在"肤浅"的和谐之中。没有创新的、繁盛的社会潮流和思想，个性和创造力受到抑制。查拉图斯特拉试图让民众把"超人"作为社会发展的首选目标，但他未能成功。相反，民众选择了成为"最后的人"这样"令人作呕"的目标，这让查拉图斯特拉感到震惊。

尼采警告说，"最后的种族"是注定要灭绝的。"最后的人"组成的社会将过于贫瘠和堕落，无法滋养出健康的人生，尤其无法养育出伟大的人。在尼采看来，"最后的人"之所以会产生，是因为人类培育了麻木的人，或者说是没有梦想、不愿冒险、将自己的人生意义降低到仅仅是为了存在、谋生和取暖的人。"最后的人"的社会与尼采所说的人类权力意志的概念恰好相反，权力意志是人性背后的主要驱动力和野心，也是宇宙中所有生命形式的驱动力和野心。

众所周知，希特勒借用了尼采关于"超人"或"优等人"的说法。他的德国法西斯政权热衷于宣传尼采的思想，并利用这些思想为第二次世界大战期间纳粹的暴行作辩护，将纳粹分子描绘成受到尼采启发的人。1932 年，尼采的妹妹收到了阿道夫·希特勒的一束玫瑰花。1934 年，希特勒亲自送给她一个花圈以献给尼采，花圈上写着"献给一位伟大的战士"。1934 年，尼采的妹妹又把她哥哥最喜欢的手杖送给了希特勒。希特勒还照过一张照片，照片中的他正深情地凝视着一尊尼采的白色大理石半身像的眼睛。

尼采接受了达尔文思想，这也成了后来美国优生学运动的诱因之一。

正是查尔斯·达尔文的表兄弟弗朗西斯·高尔顿创造出了"优生学"这个术语。高尔顿声称，他观察到在欧洲最杰出的人中，优等人的特质会代代相传。相比之下，高尔顿认为，在他所认为的社会下层阶级和某些种族中，软弱、低劣甚至危险的性格也会明显地代代传承下去。高尔顿相信人类是不平等的。他的优生学计划有两个方面。一方面，他提出了一项人类培育计划，以培养出更优等的人。当我们看到高尔顿的计划时，亚伯拉罕·厄斯金教授给史蒂夫·罗杰斯注射"超级战士血清"的画面就会立刻浮现在脑海中。另一方面则是，通过从繁殖群体中消灭或排除生物学上较低等的人，从而提高人类的整体素质。

这种强制绝育措施在美国真的被实施了，它被用来控制所谓的"不受欢迎"的群体——穷人、移民、有色人种、残疾人、未婚妈妈和精神病患者。在 20 世纪的大部分时间里，美国有 32 个州都实施了由联邦政府资助的绝育计划。这些绝育计划受到了尼采和高尔顿关于科学和社会控制等偏激思想的极大影响。亚历克斯·斯特恩出版了一本名为《优生国家：现代美国优育的覆辙和前沿》的书，揭示了这项计划的规模之巨大："在 20 世纪初，全国各地的医疗主管、立法者和支持优生学运动的社会改革者联合起来，将绝育法载入史册。这类立法的动机是一套粗糙的人类遗传理论，这套理论假设，人性中的犯罪、软弱、性别错乱等一系列可怕的特质会遗传下去。许多绝育法倡导者认为，绝育手术是一种必要的公共卫生干预措施，可以保护社会免于受到有害基因的影响，节省社会为管理'退化人群'而产生的经济成本。"

美国加利福尼亚州率先开始动作，该州的优生学计划甚至启发了纳粹。希特勒写道："在这个国家里，尽管为了达到公民优生所进行的举措还很微弱，但至少已经起步了。当然，这不是我们的德意志共和国，而是美国。"

因此，毫不奇怪，所有这些优生学的言论都被纳入了《美国队长》的创作之中。尼采的优等人哲学被大行其道地写进了美国队长的故事背景中。史蒂夫·罗杰斯曾"骨瘦如柴"，正是所谓的"最后的人"。科学不仅"拯救"了他，而且通过注射一管"超级战士血清"，并对基因稍作修补，使得史蒂夫摇身一变，成了超级战士。美国队长最初的角色是作为国家的拯救者将美国从间谍和破坏者手中解救出来。为了扮演这个角色，史蒂夫必须先从他原本的身体中被拯救出来，这样他才能拯救美国，消灭所有那些"不合适"的和"非美国"的人。

后来，美国队长的形象才开始以不那么偏狭的方式表现出来。这位美国队长被重新塑造为自由世界中最有名的反法西斯主义的英雄。鉴于他身上的"尼采血统"，这一点可谓相当讽刺。我们在电影院看到的是一位自由世界的美国队长，身上少了一点惹麻烦的"优等人"主义，多了一点平等主义。简而言之，他变成了一个更加微妙的角色。

超人的麻烦

尽管如此，还剩下一个问题没解决。这个问题困扰着美国队长，也困扰着所有的"优等人"。以乔治·奥威尔的小说《1984》为例，他笔下的政府充满了对权力的疯狂欲望，如幽灵一般挥之不去。《1984》这部经典反乌托邦作品的书名成了一个文化口号。

但《1984》是一部有缺陷的著作。人们读奥威尔的书时，很少考虑到作者的意图。许多评论家认为，这是因为这本书对人类的失败做出了冷酷无情的描述。在阅读奥威尔的作品时，很少有人会觉得与"超级政府"对抗有任何获胜的希望。这部小说加重了而不是减轻了人们的被动性。关于美国队长、X战警和超级英雄的故事也将观众与《1984》的读者放在了同一个位置上。

美国队长做出的种种类似于"优等人"的表现会让观众联想到"最后的人"这个角色。尼采笔下的"优等人"会将自己与其他人隔离开来。美国队长就是这样一个超级英雄，他超越了常人，在所有事情上都比别人高出一筹。他将自己隔绝于世，因为他已经不需要其他人了。他是如此优越，以至于可以被封进冰块中，从他所认识的世界和所有认识他的人身边消失，然后在 70 年后再被挖出来。就像奥威尔的《1984》一样，超级英雄故事强化了而不是消除了被动性。这些故事让我们变得更接近"最后的人"。"我们可以从噩梦般的险境中得出一条简单的道德准则：要不要让噩梦发生，这取决于你自己。"要继承地球的是"最后的人"还是超人，或是另有他人，这也取决于你自己。

进化是如何催生现实中的 X 战警变种人的?

"变异:它是我们进化的关键。它使我们得以从单细胞生物进化为地球上的优势物种。这一过程发生得很慢,通常需要数百万年之久。但每过几十万年,进化就会向前跃进一大步。"

——查尔斯·泽维尔教授,《X 战警》

"伽马炸弹爆炸的试验使他暴露在大量的辐射中,提升了他的身体素质。"

"一种突变产生的愈合因子使他身体中的受损组织再生,让他获得了对抗疾病、药物和毒素的强大抵抗力。"

"X 武器计划的前任测试对象,具有再生治疗因子以及在其他 X 武器实验中获得的不稳定的实验结果。"

"毒液中的放射性变异酶很快在其全身范围内引起了各种的变化,主要是超出人类的力量、反应力、身体平衡以及牢牢黏附在大多数物体表面的能力。"

——超级英雄中的绿巨人、金刚狼、死侍和蜘蛛侠产生变异的起源

感谢达尔文,要不是因为他,我们永远无法了解一些我们所钟爱的超级英雄是如何诞生的。想想暴风女奥萝洛吧。她身上的变异基因使她拥有能够操控天气的元素之力。这个能力在达尔文的故乡英国可是非常实用的,因为那里似乎一直阴雨连绵。还有五位

初始 X 战警之一的凤凰女琴·格雷。琴是一位欧米伽级别的变种人,有着瞬间移动和心灵感应的能力,她的力量几乎是无限的,使她能每每从死亡中轻松地复苏归来。终极变种人则是金刚狼,正如那句充满戏剧性的台词所说的:"他有着野兽的力量和武士的灵魂。"金刚狼的寿命远超常人。他身上有着能够加速伤口愈合的痊愈因子和超越人类的敏锐感官。

还有 X 教授——查尔斯·泽维尔。X 教授(这是个听起来很棒的漫画书名,甚至比奇异博士听着还要酷炫)是 X 战警的创始人,也是泽维尔天才少年学校的创始人。X 教授是变种人身后真正的核心大脑,他的梦想是变种人能够与人类和平共处。而他的特殊能力也帮助他完成了自己的使命。他是一位强大的心灵感应者,也是位科学天才。作为世界上最伟大的智者之一,X 教授显然对达尔文以及进化论思想的起源了如指掌。他知道,进化的故事不是从变异开始的,而是从研究岩石中的化石开始的。

达尔文与岩石

或许 X 教授很清楚,据说最初是达尔文推动了人类对进化论的理解。但事实上,X 教授当然知道达尔文得到了其他人的帮助。进化论并不是某一位"天才"的杰作。从古代起,就有一些最优秀的哲学家们对生物的多样性感到好奇。在那段时间里,人们并不认为所有的生命都是由神创造的。从古希腊的恩培多克勒、伊壁鸠鲁,到文艺复兴时期的达·芬奇,一批非常能干的思想家(他们中有些人甚至比 X 教授还聪明)都倾向于更加世俗化的推测。这些人不相信所谓的"存在巨链",即每一种生命形式都是上帝创造的,并且自那以后就没有改变过。他们更愿意从大自然的固有模式中寻找原因。在达尔文的时代,英国还有另一位杰出的生物学家、博物学家阿尔弗雷德·拉塞尔·华莱士,他比达尔文年轻十岁,思想激进、开明,是一位直觉敏锐的非传统的自学者。他的工作成果极大地帮助了达尔文。

第二部分 时　间

在许多像 X 教授这样的学者看来，故事真正开始是在工业革命时期，在那个时代，巨大的发动机将全世界的土壤翻了个底朝天，蒸汽机帮助人们打开了大地的脉络。在那些工业发展中的国家，尤其是在英国和德国，学者们开始学习如何解读岩石。他们了解到，相同的地层总是以相同的顺序被发现，并且其中包含着相同类别的化石。这意味着，可以从含在岩石内部的化石的序列中解读出地球的历史。

对岩石的解读彻底改变了世界。学者们很快就学会了解读和理解岩石，就像读一本书一样。化石的解读记录也开始大量展现出那些早已不再横行地球的巨兽的特征。恐龙和其他生物的发现使学者们得出了一个惊人的结论，地球必须有着足够古老的历史，只有这样才能解释从化石记录中发现的所有变化。地球的变迁方式缓慢，但不可阻挡，这意味着，地球的历史必然是十分漫长的。在我们的星球结构中的某个地方，一定能够发现上古世界的废墟。而学者们所需要做的，就是挖掘。

于是人们开始挖掘了，他们在地球深处发现了十分了不得的东西，足以让 X 教授满心欢喜。他们发掘出了大量的变异植物和动物：有令人瞠目结舌的花朵化石，从未有人见过这些花朵盛开；有长毛猛犸象，它们看起来像大象，但身上的毛长得需要理个发；还有可怕的蜥蜴、巨大的恐龙以及一整群看起来像刚从某人的梦境中走出来的怪兽。这些化石证明，地球在它漫长的历史中经历了巨大的变化。后来，乔治·居维叶创立了古生物学，即研究解读化石的学科，他也由此被称为"骨头教皇"。

通过对化石记录的研究，一些学者们对地球的秘密得出了革命性的结论——进化论。在岩石中发现的一系列动植物只意味着一件事，我们星球上所有生物都是从遥远的古代逐渐演变而来的。进化论还说，所有的生物都是相联系的。因此，如果你回溯到足够远古的时间去（足够远古，以至于能回到地球的岩石层中去），那么所有的动物、植物和生物都拥有同一个祖先。而且，正如 X 教授或许会得出的结论那样，进化使得原本一个物种变化成为许多物种，于是到了今天，我们便有了数以百万计的物种，包括人类和变种人。

超级英雄中的科学

现在，X 教授还会意识到，进化论就像一颗嘀嗒作响的定时炸弹。是的，进化意味着我们与今天地球上所有健在的动物以及所有从地里挖掘出来的已经灭绝的动物有着共同的历史。这需要数百万年的时间，才能使地球上缓慢的变化逐步发生。因此，如果地球的历史的确是久远的，而所有化石确实都是古老时代的证据，那么，学者们就需要用一种方法来确定岩石生成的年代。确定岩石的年代有助于证明进化论是一个非常可行的理论。他们需要确定在地球深处，沉积层形成地层的时间有多长。幸运的是，有许多化学元素埋藏在岩石深处，其中有一些元素是放射性的，也就是它们会从一种化学物质衰变为另一种化学物质。因此，学者们可以测量出某种元素发生了多少衰变，并利用半衰期计算出该元素在岩石中经历衰变的时间。这有点像一个嘀嗒作响的时钟，学者们可以由此来确定岩石的年代和演化时间。

突变时间

然而，在达尔文的时代里，人们只了解进化故事中的一部分。当时的学者们认为，进化是通过自然选择发生的。自然选择是一个自然过程，是个优胜劣汰的过程。这就是大多数人的观点，即进化是物种在特定环境中为生存而进行的适应斗争。但正如斯蒂芬·杰伊·古尔德在《科学美国人》特刊——《地球上生命的进化》一文中指出的那样，在这一传统达尔文式的关注层面之上和之下，都存在着进化和生物体系。在更高的层面上，整个物种可能会因为一场大规模的灭绝事件而被丢弃进历史的垃圾箱，就像漫画书中经常喜欢描绘的那种宇宙灾难，比如小行星或彗星撞地球。而在最低的层面上，进化是通过基因突变发生的。

为了大致了解基因突变的概念，想象一下 X 教授站在镜子前，他正在看着自己由数万亿细胞组成的身体。细胞，是所有生物的基本单位。有许多不同类型的细胞，每种细胞都有着不同的工作。但从细胞内部来看，X 教授身上的每一个细胞都是基本相同的。

每个细胞都有一个细胞核,其中包含着99.9%的基因。细胞中还有线粒体,其中也含有一些基因。X教授的身体里总共有大约两万个基因。

你可能已经知道了,X教授身体里的基因是一种叫作DNA的化学物质的一小部分。DNA是一种双链形态的化学物质,由脱氧核糖、磷酸和四种不同的碱基组成,它们是腺嘌呤、胸腺嘧啶、胞嘧啶和鸟嘌呤。每个人类细胞都包含着将近两米长的DNA,但是它们被挤压得如此紧密,以至于能挤进一个细胞核里。正是DNA中的四种碱基,组成了全球学者们所称的遗传密码。举例来说,碱基的数量和顺序决定了你是X教授、香蕉、黑猩猩、奶牛还是普通人类。大多数基因都会编码特定的蛋白质。正是这些基因代代相传,构成了地球上各种各样的人类和变种人。

X教授的DNA可以被看作是我们上面提到的四种碱基配对形成的梯子状化学物质。碱基以长而复杂的顺序成对排列在一起。正如我们之前所说的,如果你从X教授的身体里取出一个细胞的DNA,从它的一端延伸到另一端大约会有两米长。而如果你把他体内每个细胞的DNA首尾相连,它能从地球一直到达太阳,然后再返回地球,这样来回多次。这可真是有很多信息。

所以,人类其实是一种能够代代相传的信息配方。这个配方是由数十亿种化学物质编码组成的,这些化学物质就是DNA中的碱基。当人体产生新细胞时,这些化学物质偶尔也会出现小失误或突变。有时,当配方被复制时,一个碱基对会被添

第二部分 时 间

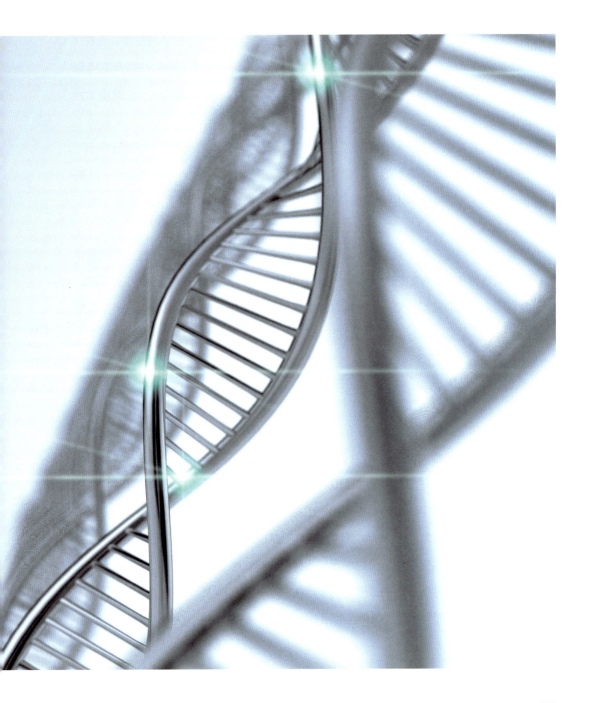

加、删除或替换为另一个碱基对。这些小失误就是突变，在我们身上都有发生。而在 X 战警身上的突变就非常显著了。当突变发生时，它们会传给下一代，就像 2017 年的电影《金刚狼 3：殊死一战》中发生的那样，年迈的金刚狼拼命保护他的女儿，一个继承了他能力的小金刚狼。

这就是突变发生的方式，想象你正在抄写你能想到的最厚的一本书。再想象一下，你正在手工抄写它。这本书太厚了，你甚至要工作到深夜。尽管你非常非常小心，注意力很集中，喝了很多咖啡，但偶尔你还是会犯拼写错误。同样的事情也发生在 X 教授（和我们）的 DNA 上，于是，错误也就这样代代相传下去。

前面我们谈到进化是一颗定时炸弹时，我们也谈到了如何利用岩石中的化学物质作为标记，来计算历史时间的流逝。学者们也可以用同样的方法来研究突变标记。这样，就可以利用人类的血液和骨骼来讲述地球的故事。突变也是一种时间机器，它们可以帮助我们了解我们最早的祖先。它们还能帮助我们提前预测未来产生突变的意外情况。

现实生活中的变种人

在漫威世界之外，大自然本身在创造变种人方面也有贡献。毕竟，突变是大自然创造新能力和新特性的方式。有一个很好的例子，在大约一万两千年前发生了一次偶然突变，这个突变使得当时一部分古代 X 战警可以喝牛奶而不呕吐。随着时间的推移，这种很有用的能力被遗传给了许多他们的后代。这将有助于让他们免于饥饿，只要他们能抓到一两头牛。学者们认为，每次人类基因组被复制时，都会有大约 100 个新的突变产生。当然，其中的绝大多数突变都相当枯燥乏味，平平无奇。但是，大自然时不时地也会出现一些非常显著的小错误。比如这里就有一群达尔文式的 X 战警，他们是现实生活中的变种人，他们身上的那些小错误就相当实用。

芬兰队长

要说美国队长，不如说芬兰队长。芬兰的奥运会滑雪冠军埃罗·门蒂兰塔身上有着超强耐力的遗传基因。和他家族中的其他亲属一样，门蒂兰塔"患有"一种遗传病，使得他的红细胞生成素受体基因产生了突变。简而言之，门蒂兰塔的血液能多携带50%的氧气，正是这一优势助力他成了滑雪冠军。虽然不至于跟美国队长一模一样，但他的这种耐力意味着无论如何，他总是能够完成比赛。

身体像绿巨人一样

在基因复制发生小错误这件事上，大自然是中立的，错误怎样发生完全随机。这就意味着基因"失调"既可能是好的，也可能是坏的。美国密歇根州的男孩利亚姆·霍克斯特拉就站在好坏曲线"好"的那一段上。利亚姆的基因中有一个特殊的突变，使得他的身体不会产生肌肉抑制素。最终结果是，利亚姆的这个基因缺陷使他的身体能够长出更多的肌肉，这使他天生具有超强的力量。无须训练，他比同龄人更强壮，只要他能养活自己这副比正常人更容易饥饿的身体就行。

吞噬者

1962年，DC宇宙创造了一个名叫"物质吞噬者"的角色。这位超级英雄拥有吞噬一切物质的能力。奇怪的是，早在《物质吞噬者》首次出版前的十几年，大自然就创造出了自己的"吞噬者"，他就是米歇尔·洛蒂托。洛蒂托是一位法国艺人，他被人们称为"曼格托先生"，意思是"什么都吃先生"，我们就叫他"吞噬者"吧。洛蒂托患有异食癖，这是一种罕见的遗传病，患者对灰尘、玻璃和任何金属都会产生食欲。在正常人中，这种突变至少会导致肠梗阻，洛蒂托则不然。在他的胃和肠道里"幸运地"长有一层"非常厚的衬里"，这使得尖锐的物体能够顺利通过洛蒂托的消化系统而不会造成任何组织损伤。洛蒂托最著名的壮举大概是吃掉了一整架小型飞机，他在两年的时间里把飞机一口一口地吞进了肚子里。单单只是读到这个故事就足以让你消化不良了吧？

同感记忆

同感记忆，有时也被称为照片记忆，指的是不使用任何助记方式，就能够清晰地回忆出只经历了几分钟的事。漫画里的蝙蝠侠、超人以及《守望者》中本名阿德里安·维特的法老王都具有这种能力。

不过，大自然也创造出了自己的记忆超人。美国女演员玛丽露·亨纳尔就是个很好的例子。玛丽露扮演的最著名的角色或许是美国热门情景喜剧《出租车》中的伊莲，她还在另一部热门美国情景喜剧《神烦警探》中扮演了查尔斯·博伊尔的梦中情人维维安·鲁德利。玛丽露患有超忆症，就是说，她从小就能够清晰地回忆起自己生活的每一天中的每一个小细节，这其中也包含了她在 20 世纪 70 年代末拍摄《出租车》时的每一个细节。玛丽露这样形容自己的记忆能力：就好像是在看着"许多小视频在同时播放……当有人跟我报出一个日期或年份或什么东西的时候，我就会看见所有这些小电影在用蒙太奇的手法播放着，它们在时间上基本是连贯的，而我就在它们之中快进快退地观看"。

到目前为止，学者们只确诊了少量超忆症病例。一些学者认为，超忆症与不断回顾和更新记忆的强迫症有关。但超忆症与生理方面也有所联系，即超忆症患者大脑的颞叶和尾状核会变大。

柔韧而精彩

漫威的里德·理查兹是神奇四侠的创始队员之一。理查兹也被称为神奇先生，他的身体在受到宇宙辐射后发生了变异。最终的结果是，理查兹进化出了一种超能力，可以将身体伸展成任何他想要的形状。与里德·理查兹相似的是天生拥有灵活身体的西班牙演员哈维尔·博特。与科幻小说迷相比，恐怖片迷可能更容易在荧幕上看到哈维尔。哈维尔扮演过惊悚片《REC 2》结尾处那个瘦骨嶙峋的角色，还扮演过电影《妈妈》中那个鬼妈妈的角色，可能你在 2017 年的科幻电影《异形：契约》中也看到过他。你尽可以去摆弄电脑特效，但如果你已经有了一位身高 2 米、体重只有 56 千克的演员，并且他还能够摆出各种最可怖的姿势，那么必须说，哈维尔出演的自然鬼魅远比任何特效的效果都要好。

哈维尔其实患有马方综合征。它会影响整个身体的结缔组织，使患者具有异常的身高、长长的四肢和手指以及超于常人的柔韧性。令人担忧的是，马方综合征是一种谱群疾病，这意味着症状严重时可能威胁到心脏和其他器官。但像哈维尔这样症状较轻的人则能够过着正常、健康的生活，还能把他的电影观众吓得要命。

超级英雄派对狂

如果你要举办一场超级英雄派对，那么在一群派对狂之中，哪一位最有可能撑到最后呢？托尼·史塔克或许是漫画史上最著名的酒鬼。他还有一个额外的好处，那就是能够为你的派对提供资金。然后是金刚狼。多年来，漫画书中的洛根在很多酒馆里出现过，似乎他在酒馆里出现的次数比他遇到麻烦的次数还要多。最后是神奇女侠。她声称，她们的女性部落以"酒量冠军"著称，所以她们肯定能进入最终决战局。与此同时，人类的代表有奥兹·奥斯本。是的，奥兹还活着。多年以来奥兹都在疯狂地参加派对，许多跟他一起参加派对的摇滚乐手都早已去世，奥兹活了下来。奥兹的秘密可能是某种变异出来的超级派对能力以及一个地下 X 战警的秘密身份。2010 年，奥兹先生进行了基因组测序。学者们透露，他们发现了许多以前从未见过的变异基因。这些变异令人惊讶地出现在奥兹基因组中与酗酒和身体对药物吸收相关的基因片段上。尽管派对可能会充满各种挑战和未知因素，但奥兹似乎有着超乎常人的恢复力和耐力，使他成为这场派对中最有可能撑到最后的角色。

一张能号令千帆出战的脸

"就是这张脸，令一千艘战船出战，烧毁了伊利昂那望不见顶的塔楼？可爱的海伦，她用一个吻，使我获得了永生。"克里斯托弗·马洛这样描写特洛伊的海伦。几千年之后，自然界又创造出了另一位美人，英美混血的女演员伊丽莎白·泰勒。泰勒女士的美貌至少有一部分原因在于一种叫作"双行睫"的基因变异。实际上，泰勒女士长了两排睫毛，这让人们更容易注意到她紫罗兰色的眼眸。

不眠之夜

科学认为，平均而言，人类每天大约需要 8 小时的睡眠。但是，似乎有些人可以几乎不睡。美国加利福尼亚大学的学者表示，一些参加睡眠测试的人是所谓的"短睡眠者"。由于遗传原因，这些变种人所需的睡眠时间比普通人少得多，大约有 5% 的人口受到了这种遗传基因的影响。一个主要案例是一对母女，她们身上的生物钟基因 DEC2 产生了复制异常，这个基因会影响昼夜节律，也就是每 24 小时循环一次的自然生物过程。

多指（趾）变种人

这又是一种什么样的基因变异呢？前棒球投手安东尼奥·阿方塞卡以其杀招"下沉球"[1]而闻名。毫无疑问，这大多要归功于他的刻苦练习和毅力，但他的投球技巧肯定还需归功于另一个原因，阿方塞卡用来投球的手天生就长了六个手指。这种基因突变被称为多指（趾）突变，也就是说，具有这种突变的人天生就长有多余的手指或脚趾。事实上，阿方塞卡的每只手和脚上都多出一个指头。不过，与年轻的印度小伙子阿克沙·萨克塞纳相比，这个数量就显得太少了。阿克沙出生时每只手上有七个手指，每只脚上有十个脚趾，这种遗传病听起来似乎相当令人向往，直到你听说这可怜的孩子出生时没有拇指。

在一些古代文化中，像阿方塞卡和阿克沙这样的变种人会受到尊敬。例如，查科峡谷的普韦布洛人用六只脚趾的脚印和凉鞋形状的工艺品来装饰他们的房间。为了了解在

---

[1] 一种棒球投球的球路。 ——译者注

普韦布洛人中多指（趾）突变的情况有多普遍，学者们检查了他们在探险期间挖掘出来的 96 具骨骼。令人难以置信的是，他们在 96 具骨骼中发现了三具多指（趾）人骨骼，每具骨骼的右脚上都多了一个小脚趾。在 96 例中有 3 例发生多指（趾）突变，约占其人口数量的 3.1%，这个比率远远高于现代美洲原住民的 0.2%。

金刚不坏

2011 年，惊悚片《不死劫》被《时代》杂志评为有史以来最佳十大超级英雄电影之一。这部电影讲述的是伊利亚·普莱斯的故事，他在出生时就患有"脆骨病"。这是一种罕见的基因突变病症，患者的骨骼非常脆弱，很容易骨折。在这部电影中，伊利亚长大后成了一位漫画书经销商，他在漫画书的基础上得出了一种理论，即如果他处于人类脆弱的一个极端，那么在另一个极端肯定还有"金刚不坏"的变异体。

事实上，现实生活中确实存在这样的变种人。据报道，在美国康涅狄格州的一个身份不详的家族中有一种基因突变，使得这个家族中成员的骨骼特别结实、致密。不仅如此，他们的骨骼似乎还能抵抗时间的磨损，就像是有一种抗骨质疏松症的能力。

纯粹的治愈之力

20 世纪 70 年代末，一种后来被称为 HIV 的病毒感染了当时的部分群体。尽管周围的朋友都染上了这种当时的神秘疾病，但还是有一个基因突变者成功地存活了下来。学者们后来发现，斯蒂芬·克罗恩的身体中有一个名为"Δ32"的基因突变，它可以保护部分白细胞免受 HIV 病毒的感染。就是这种微小的基因变化使得克罗恩对 HIV 病毒完全免疫，这是个很典型的模式。在任何一种疾病暴发时，学者们通常都会发现，有少部分突变人群出于某种原因而具有免疫力。这一令人高兴的突变情况常常有助于学者们定义疾病，并设计出治疗方案。

不要留下指纹

一些漫画迷经常觉得奇怪,为什么莱克斯·卢瑟从来不让人把克拉克·肯特(超人在地球上的名字)的指纹和不爱戴手套的超人的指纹做个对比。DC 漫画编辑艾迪·伯冈扎给出了一个答案,他说,超人已经具备了不留下任何指纹的超能力。

这种遗传情况确实存在。皮纹病又被称为"入境延期症",这种基因突变的症状是让人的指纹变没。最初发现这种情况,是因为一名瑞士妇女因患有这种基因突变而被拒绝入境美国——法律规定所有非美国居民都必须进行指纹采集。虽然说这种情况会让患者不得不与各种官僚机构进行卡夫卡式的周旋,但这种罕见的突变也可能赋予患者成为超级罪犯的核心能力!

生存主义者如何制造出一套钢铁侠战衣?

"我已经记不清,最开始我是怎么想到要做关于火箭的那几条计算的了。我觉得最早给我种下这个念想的是著名的幻想家儒勒·凡尔纳。"

——康斯坦丁·齐奥尔科夫斯基,《100位改变时间的人》

"那是我第一次不得不设计出某种东西用来救命,顶多算是个权宜之计。我回到家里,花掉了我所有的钱做了一套装甲,用它来保住我的小命……但是我把那套装甲留了下来,一直摆弄它,我也不知道为什么我还要这么做。也许只是因为这套装甲不是为了人类的未来,而是为了我的未来。它可以让我装作自己并不只是个造地雷的。我从一个被装甲困住的人慢慢变成了一个被装甲解放的人。"

——托尼·史塔克,《钢铁侠:绝境病毒》

生存主义者梦想中的末日终于成真了,世界毁灭了。好吧,至少大部分世界毁灭了。当灭顶之灾降临的时候,生存主义者和往常一样,独自在山中践行着他的末日求生法则。某种具有超强传染性的病原体终于突破了物种传播的界限,在人类的领域里安了家。或者说,其实是生物恐怖主义者人为制造了一场灾难。

不管源头是什么,感染如燎原之火迅速蔓延。在这个城市跟星星一样多、空中交通

第三部分 机 器

跟彗星一样普遍的时代里,迅速消灭世界上的人口就好像魔术师吞掉扑克牌一样简单。大多数人没能坚持到制药巨头制造出疫苗、采取隔离措施就死了,而发明出疫苗的制药巨头们则乐呵呵地数着钞票,就好像这是笔天降横财。到了这会儿,制药巨头们也死了。

生存主义者结束了自我放逐,从远方的山中归来,开心地发现人类文明已经消失殆尽。城市、高速公路、房屋,统统荒废了。这可真是"美梦成真"。大多数"寻常人"不得不挣扎着跟他们所面对的新困境妥协,但当原本支撑起人类文明的基础设施全部坍塌报废,他们又怎么对付得了呢?在如此绝望的境地中,他们要如何继续生存呢?

然而所有这一切都难不倒生存主义者,他们正是要从废墟中重建新世界的合适人选。他们已经躲过了末日灾祸,但还要挺过灾祸的余波。生存主义者认真地读过《求生手册》。不过这会儿,他们还管不到重建文明、种植庄稼或者做衣服之类的事情。在那之前,他们必须先对付成群结队的"拾荒者",还有那些对没有组织、没有武装的人们大肆掠杀的疯子们。一个文明人不得不再想一想,道德和理智现在还有没有用。不过,似乎在这个勇敢的新世界里,到处都是把电影《疯狂麦克斯:狂暴之路》看过好几遍的生存主义者,他们完完全全把其中的疯狂哲学奉为信条。

生存主义者真正需要的是一套钢铁侠的战衣。在这个掠夺者横行的废土世界里,只有最疯狂的人才能存活下来,然而没法指望他们能拼装出多么奢侈的战衣来。但如果他们要从废墟中重建世界,那么他们也得从废墟中拼出战衣,他们顶多能拼出一套钢铁侠马克1号战衣。毕竟,托尼·史塔克也曾像个生存主义者一样,在阿富汗的一个山洞里,利用有限的资源拼出了他的第一套战衣。和史塔克一样,生存主义者也希望他这套战衣能增强自己的力量和耐力,帮助他打败那些全副武装的掠夺者们。如果设计得当,这套战衣就可以挡住中等口径的子弹,很容易猜到,在废土世界的荒野上肯定会遇上这样的子弹攻击。

第三部分 机　器

生存主义者腾空而起

但是生存主义者的战衣要怎么才能像钢铁侠那样飞起来呢？在末日世界里，能够飞行将会是一项巨大的优势。生存主义者翻了翻末日求生手册，发现可以用枪拼成一个类似钢铁侠的那种喷射装置。这个主意似乎非常简单。因为枪能够发射子弹，而发射子弹会产生后坐力，这个力肯定就会把你往上抬起来。开枪时，枪必须得承担起它自己的重量。一支 4.5 千克重的步枪能产生相当于 5.5 千克的后坐力，足够把它自己抬离地面一点点。

说到这里，生存主义者就要考虑一下叫作推重比的东西了。推重比小于 1 意味着，物体产生的推力不足以将它自身抬离地面。但生存主义者查了查过去的主要案例，装载在协和式飞机上的奥林匹斯 593 涡轮喷气式发动机的推重比为 5.2。而 2012 年 SpaceX 制造的默林 1D 火箭发动机的推重比则高达 180.1！显然，对于生存主义者来说，这个目标可太过遥不可及了。不过生存主义者发现了 AK-47，又叫作卡拉什尼科夫 1947 年式自动步枪的妙用。在被制造出来将近 70 年之后，AK-47 和它的各种衍生版仍然是世界上最常用的枪支。所以生存主义者大概能在末日世界的废土荒野上找到不少 AK-47，并且 AK-47 的推重比达到了 2。如果生存主义者能把 AK-47 立起来，让它向下发射子弹，那么它就可以像联盟号运载火箭一样飞起来。

在实际操作中，生存主义者发现 AK-47 的表现比预期更好，他找到了原因所在。一枚火箭或者一支步枪产生的推力取决于两个因素：第一，它喷出了多少物质；第二，它喷出物质的速度有多快。但是，当生存主义者用 AK-47 做实验时，他们发现实际的推重比要比预测的高出约 30%，这是因为枪支不仅会喷出子弹，还会喷出炙热的气体。然后，生存主义者发现，AK-47 确实可以让自己飞起来，但是它产生的额外推力太小，最多只能举起一只猫。这对人类来说这算不上什么好结果，所以，还是回到黑板前吧。

那么多用几支 AK-47 做成喷射装置呢？如果能在荒野上找到足够多的 AK-47，那么生存主义者可以把它们捆在一起。两支 AK-47 就能产生两倍的推力。也就是说，如果一支枪可以产生比它自身重量多 1.3 千克的推力[一]，两支枪就能产生 2.6 千克的额外推力（为了末日生存，生存主义者没忘记基础数学）。那么，要让喷射装置像钢铁侠的装甲那样飞过勇敢者新世界的这片荒野，总共需要多少支 AK-47 呢？在这种推重比之下，最后做出的装置与其说像钢铁侠的装甲，不如说更像是个气垫船。

生存主义者的下一个问题是子弹数量。他们还需要到荒野里找到更多的 AK-47，让它们能朝下发射，再把它们做成一个"气垫船"，自己坐在上头。不过一般的 AK-47 的弹夹只有 30 发。如果每秒发射 10 发子弹，那么生存主义者只能被持续推进 3 秒。如果用大一点的弹夹，效果会好一点。但是火箭科学相关书籍中的知识表明，如果这套装置携带的子弹数超过 250 发，那就会得不偿失，因为燃料太重，没法起飞。

又算了几遍，生存主义者得到了关于 AK-47 的最佳结论，即理想状况下，喷射装置应由 300 支 AK-47 组成，每支携带 250 发子弹。生存主义者计算出，这样一个喷射装置可以让他以 320 千米/时、离地面 500 米的高度飞行。这足以让他逃离掠夺者了，这么一个不太完美的装置还可能会让生存主义者荣获某个末日达尔文奖，这个奖项专门颁给那些通过愚蠢的找死行为把自己的基因从基因池中淘汰的人们。

碰巧，拉里·沃尔特就是一位末日达尔文奖获得者。拉里住在洛杉矶。他小时候的梦想就是能飞，但他视力很差，没法去当飞行员。为了弥补自己的这个人生遗憾，拉里从一个海军陆战军品店里买了 45 个气象气球。他把这些直径 1 米的气球全都绑到自己的躺椅上，再往里面充满氦气。随后，他带上了一些三明治、几瓶啤酒、一支弹丸枪，把自己绑在躺椅上，就这样起飞了。本来他计算好了在降落的时候要用枪打爆几个气球。然而，原本懒洋洋地在自家后院里向上空飘浮 10 米的计划出了错，他的躺椅升上了洛杉矶的天空，最后在 5 千米的高空稳定下来。在高空中，拉里不敢再随便打爆气球，生怕

[一] 1 千克的推力约为 9.8 牛顿。

那样会打破了这个飞天躺椅的平衡，让他一头栽下来。所以他只能跟他的三明治和啤酒一起接着在天上飘，又冷又怕。最后，拉里穿过了洛杉矶机场的主引道，驾驶飞机经过的飞行员们看到了仿佛超自然现象一般的拉里和他摇摇欲坠的飞天躺椅，于是惊慌地用无线电对讲机向地面报告了情况。

这样看来，生存主义者根本不可能用 AK-47 飞艇去冒类似的风险。在末日里，可没有飞行员来救你的命。于是，生存主义者放弃了 AK-47 步枪的方案，考虑使用更强大的火力。

复仇者机炮飞行装置

其实只要一架机炮就能搞定这件事。自 1977 年起，美国通用电气公司就开始制造加特林式机炮了，这款机炮名为 GAU-8/A 复仇者，我们就把它叫作复仇者机炮吧。让生存主义者最为兴奋的是复仇者机炮所具备的实力。复仇者机炮每秒能够发射出 28 千克重的子弹，更重要的是，这样的火力意味着它会产生相当于 5000 千克的后坐力。当生存主义者发现，装载着复仇者机炮的 A-10 攻击机的两台发动机每台只能产生 4000 千克的推进力，他就更觉得不可思议了。这就是说，如果你在一架 A-10 攻击机上装载两台复仇者机炮，在飞机飞行时让两台机炮同时向前开炮，那么，机炮的后坐力会大过飞机发动机的推力，A-10 攻击机会向后倒退。

这对生存主义者来说可是天大的好消息。他会立刻把钢铁侠战衣丢到脑后，一心只想着怎么在自己的路虎车顶上装上一台复仇者机炮。他计算出来，如果装在车顶上的机炮向后开炮，而路虎车挂着空挡，复仇者机炮的火力会让他这辆老式座驾在三秒之内从静止直接冲破速度上限。这让生存主义者又想起来一个末日达尔文奖的获得者。一位美国空军中士在他 1967 年产的雪佛兰羚羊汽车上装了一个固体火箭用的喷射起飞装置。他在美国亚利桑那州的沙漠里找到了一段又长又直的路。当喷射起飞装置发动时，雪佛兰羚羊汽车迅速达到 480 千米/时的速度,车子腾空而起,飞出了一千多米,最后在离地 40 米的高度上撞上悬崖,撞出了一个深达 1 米的黑漆漆的大洞。亚利桑那州的高速巡警称,当时现场到处是金属碎片,就像飞机失事的场景一样,那位雪佛兰车主也消失得无影无踪。

不过,生存主义者有办法。如果他能找到一架复仇者机炮,再把战衣做得结实到能挡得住爆炸,然后再用某种空气动力学的外壳把复仇者机炮包裹起来,生存主义者就能让他这套装备像钢铁侠战衣一样了。

曼哈顿博士的物理学和乐趣

"世界上没有一种学科能以物理学那样的精确度带你理解周围的世界。是物理学定律,让我们能够准确地说出日升日落的时间,日食开始的时间,还有日食结束的时间。"

——尼尔·泰森

"最伟大的进步常发生于研究最简单的系统的学科中。比方说,物理学,这就是最伟大的进步发生的地方。不过其理由之一是物理学有一个优势是其他学科都不具备的。那就是如果有什么问题太过麻烦,物理学就把它丢给其他人。"

——诺姆·乔姆斯基

"曼哈顿博士,正如您所知,末日时钟的钟面象征着人类接近灭绝的时刻,而午夜就代表着核战争的威胁。现在,它距离午夜还有4分钟。你同意我们离彻底毁灭那么近吗?"

——珍妮特·布莱克,电影《守望者》

曼哈顿：这个名字有什么含义？

曼哈顿博士，这个名字含义颇深。乔纳森·奥斯特曼是一位物理学博士，在 1959 年出版的 DC 漫画中，他的身体被转化了。他身体中的分子被分解和重构，之后，美国政府部门雇用了他，并根据曼哈顿计划给他取名为曼哈顿博士。这个名字可谓名副其实。

H.G. 威尔斯所写的科幻小说中描绘了一个类似曼哈顿计划的项目。原子的秘密一直是科学领域中的圣杯。在 20 世纪初，人们已经明确了是某种形式的原子能量构成了太阳和其他恒星中心的巨大力量。1904 年，欧内斯特·卢瑟福和他的同事弗雷德里克·索迪首次计算出了放射性衰变所能够释放出的巨大能量值。二人都很清楚这种能量是致命的。的确，卢瑟福说："某个实验室里的傻瓜或许会糊里糊涂地炸掉整个宇宙。"第二年，索迪在一次演讲中再次说道："吝啬的大自然充满嫉妒地用这个杠杆调节着这种能量的输出值，如果有谁将手伸向这个杠杆，他就会拥有能够摧毁地球的武器，只要他想。"索迪相信大自然会"保守秘密"，威尔斯则不同意。

在其所著的《获得自由的世界》一书中，威尔斯笔下的曼哈顿计划并未被终止。威尔斯的这部小说实际上造出了"原子弹"这个词汇。"那一晚，科学将这些原子弹丢在了地球上，甚至连使用它们的人都尚且对它们十分陌生。"中世纪传说中，如果那些灵魂污浊的人从圣杯中喝水，他们就会立刻死亡。威尔斯意识到，原子的圣杯也同样给予了人们辨别伟大和邪恶的机会。

在第一次世界大战来临前夕，威尔斯预见了关于未来战争的不祥画面。这部小说中预见了一场末世灾难的场景，全球最主要的几个城市都被飞机空投下来的原子弹夷为平地。对于威尔斯来说，这不仅仅是一种猜测。他描述的这种武器的确是基于原子核的。爱因斯坦的质能方程将物质转化为由连锁反应触发的凶猛的爆炸性能量。

还有更早期描述超级武器的科幻小说。它们成了漫画书和小说中剧情套路的牺牲品，比如某个天才离经叛道的思想可以改变历史进程，人类的问题可以通过某个科学奇迹带来的技术手段来解决，诸如此类的天真想法。威尔斯明智地意识到，技术进步的水平并非来自于某些天才大脑中那些不知所谓的概念，而是来自国家及其生产力之间的辩证关系。威尔斯在这里预言了军事-工业综合体的兴起。

他所预言的核能发展的时间线十分准确。在《获得自由的世界》一书中，19世纪60年代的一位科学家发现了核能，他意识到，这一切已经无法回头。最初，核能只是让社会系统变得更加紧张，富人变得更富，失业率暴涨，犯罪激增。

随后各国政府每年在军备力量上的花销越来越大，全球的局势变得越来越紧张，最终导致了核灾难。地球化为焦土。剩下的幸存者中，许多人被沉降物和放射性尘埃变成了残废，他们在荒芜的陆地上成群结队地徘徊。这种场景在如今的科幻小说和电影中随处可见。

尽管如此，科学仍在以"新世界之王"的姿态继续兴盛着。在这片资本主义的废墟之上，建立起了一个由智者和科学家组成的威尔斯式的人类共和国。站在灾后乌托邦的角度向前回望20世纪中叶，威尔斯列出了他自己所处的那个年代的罪状。"他们对一切全然不觉，直到原子弹在他们笨拙的双手中爆炸。"然而，任何聪明的头脑都会被这些事实所震惊。整个19世纪和20世纪，人类所能控制的能量总和都在不断增长。如果将其应用于战争，这就意味着毁灭之力在不断增长。

我将成为死神，世界的毁灭者

威尔斯小说中描写的炸弹直接导致了曼哈顿计划的实施，并且最终导致了广岛原子弹爆炸事件。他充满预见性的小说也是匈牙利物理学家利奥·西拉德的灵感来源。在阅读了《获得自由的世界》这部小说后，西拉德成了第一位认真研究核武器背后科学原理的科学家。"这部小说给我留下了深刻的印象。"西拉德回忆说，经过了三十年，他仍然记得这本预言式的著作。"……一场世界大战……战争发生在英、法、美联军和德奥联

军之间，这些势力主要位于欧洲中部。"威尔斯把这场战争定位于 1956 年，"在这场战争中，世界上所有主要城市都被原子弹炸毁了。"

西拉德是一位匈牙利籍的第一次世界大战幸存者，匈牙利在第一次世界大战中遭受重创。自此以后，西拉德对于保护生命和自由，特别是表述观点的自由，产生了一种执着的热情。在西拉德日后的岁月中，威尔斯书中许多乌托邦式的信仰不断在他心中回响。他默默地做出了一个决定，彻底改变了他的研究方向。西拉德决定转修核物理，因为他想要为拯救人类做点贡献。"只有通过完全释放核能，我们才能掌握让人类不仅能够离开地球，而且还能够离开太阳系的方法。"

西拉德成了曼哈顿计划背后的推动者。在阅读了威尔斯小说一年之后，西拉德为了逃避纳粹的迫害来到了伦敦。在那里，他读到了卢瑟福发表在《时代》周刊上的一篇文章。作为核物理之父、原子轨道学说的先锋人物，卢瑟福拒绝将核能用于实际用途的想法。西拉德这位思维敏捷的思想家对卢瑟福的反驳感到十分生气，以至于他在伦敦街头等红绿灯的时候，脑子里闪现出了链式核反应的想法。一年之后，他用这个想法申请了一项专利。正是他的想法，让他在 1939 年 8 月给富兰克林·D.罗斯福寄去了那封西拉德-爱因斯坦联名信，信中概述了制造核武器的可能性。这两位优秀的、极具影响力的犹太科学家都担心，纳粹将会不可避免地制造出核炸弹。

几个月后，曼哈顿计划开始了。这项计划最终雇佣者达到了 13 万人，总共花费了 20 亿美元（相当于 2015 年的 260 亿美元），并制造出了三枚原子弹，这三枚原子弹于 1945 年被投下，它们分别是：7 月份在美国新墨西哥州进行试爆的"三位一体"，8 月 6 日在广岛上空投放的铀核弹"小男孩"以及 8 月 9 日在长崎上空投放的钚核弹"胖子"。

随着战争的推进，科学家们逐渐对自己的研究失去了掌控权，而西拉德开始对这种情况感到不安。军事演习太过于险恶了。西拉德曾希望美国政府不会对平民使用核武器，他希望核武器产生的威胁会让德国和日本投降。于是西拉德发出了一项请愿计划，计划书由 70 位芝加哥科学家共同签名，以敦促杜鲁门总统承诺，不会像《获得自由的世界》

中描述的那样用核武器炸毁城市。

但是，西拉德的愿望没有实现。对于日本来说，威尔斯的噩梦变成了现实的恐惧。核弹席卷了整个城市，惊醒了居住在广岛的 32 万民众。刹那之间，成千上万人死于热浪之中。他们被爆炸发出的光和能量瞬间蒸发，只在墙壁上留下了鬼影般的痕迹。他们还算是幸运的。爆炸余波的牺牲者们被变成了瞎子，或是被灼烧了皮肤和毛发。再往后，他们将失去能够与疾病斗争的白细胞。

而此时的洛斯·阿拉莫斯以及许多曼哈顿计划的科学家们正在为这场广岛大屠杀的新闻而庆祝。物理学家奥托·弗里希回忆道："有人推开我的房门，大喊广岛被炸毁了！"看到那么多同事和朋友们奔走相贺，弗里希直感到一阵恶心。他想，"为千万人的突然死亡而互相庆贺，这看起来也太过残忍了。"曼哈顿计划的领导者是科学家罗伯特·奥本海默。他代表许多科学家发表讲话道："从某种朴素的感知上说，这些物理学家们认识到了罪恶，没有任何粗俗言语、任何幽默或者任何夸夸其谈能够抹去这种感受，他们也无法忘却这个认识。"奥本海默相信，如果核炸弹将被作为一种武器加入到世界战争的武器库中，那么会有一天，人类将被诅咒。当面临毁灭之时，世界上所有的人必须团结起来。不过正在此时，冷战开始了。

曼哈顿博士

幻想小说描绘末世场景的历史由来已久，这些关于末日世界的奇异设定起源于玛丽·雪莱。在科学中，人类的创造力变成了无法预知的力量，这种力量甚至能够毁灭整个人类。"工业时代的伟大神话"，《弗兰肯斯坦》就描写了一个这样的故事。故事中，维克多·弗兰肯斯坦具有一种神秘的力量，这种力量"可能会使人类的生存变得岌岌可危，充满恐怖"。

现如今，科幻小说在新的末世威胁论的发展中发挥着重要作用。是时候进行批判性的思考了。在这个历史的焦点时刻,许多人认为,只有科幻小说才有能力带领人类走出这种困境。正是通过科幻作品,大批观众和读者得以与那些将要发生的大灾难和人类彼此毁灭的可能性直接面对面,没有其他文学作品能做到这一点。

艾伦·摩尔创作的《曼哈顿博士》也是如此。摩尔的地位是毋庸置疑的。这位英国作家被人们称为自由的灵魂、漫画史上最好的作家、漫画界的奥森·威尔斯和无可争议的媒介大祭司,他说出的每一个字都仿佛来自上苍。1986年,摩尔创作了迷你连环画作品《守望者》和《曼哈顿博士》,那时他已经为《神秘博士》《星球大战》《漫威超级英雄》《夜魔侠》和《公元 2000 年》等作品贡献了诸多力量。

20 世纪 80 年代是个偏执的时期。世界似乎比其他时期都更加危险。大规模杀伤性武器被融入了人们每天的日常生活。当一架飞机从你头上呼啸而过,或者你所在社区的管理部门测试着当地的警报器时,你大脑中各个角落里都充满了来自全球各地的新闻报道。在这种氛围之下,摩尔开始创作他的角色——曼哈顿博士。

摩尔很清楚,在制造核弹这件事上,科学发挥了怎样的作用。现如今,许多人相信,人类只有与自身与生俱来的邪恶本性作斗争,才能在历史长河中一直存在下去。科学家负责任的、遵守道德的行为会产生一系列的结果,或好或坏。而曼哈顿计划则被看作是科学家对这种道德责任彻底的背弃。确实,只有一小部分科学家在坚持向人们宣告着核战争的危险之处。一些人,比如西拉德,甚至将余生致力于此。

另一些科学家则并非如此。奥地利记者罗伯特·容克讲述了在参观洛斯·阿拉莫斯实验室时,他与一位数学家相遇的场景。"他的脸上挂着近乎天使般美丽的微笑,看起来好像正在凝视着一个无比和谐的世界。但事实上,他后来告诉我说,他正在思考一个数学问题,这个问题的解答对于制造新型氢弹至关重要。"

对这位现实生活中的科学家来说,他一次也不曾看到过他所参与制造的核弹是如何爆炸的。他关于核武器的研究仅仅是纯粹的数学,并不会受到鲜血、毒药和毁灭的约束。意大利物理学家恩里科·费米所发表的著名讲话中如此说道:"别用你的困扰来打扰我,毕竟，这东西是美妙的物理学。"

英国物理学家弗里曼·戴森曾表示，是科学家们，而不是将军们，主动开启了核武器计划。他们制造武器是"出于自身的职业自豪感"，而不是出于战略需求。菲利普·M.斯特恩写道："如果像奥本海默这样敏感的科学家真的能彻底地、成功地屏蔽他们的道德情感，那么技术就是个怪物，它比我们大多数人意识到的都更加可怕。"曼哈顿博士这个角色有一部分是脱胎于 DC 漫画中的"原子队长"。最开始摩尔的设定是，这个角色的身边充满了核威胁的阴影。但摩尔后来发现，曼哈顿博士这个"超级英雄"角色有着复杂而又细腻的性格，比起原子队长，奥本海默这样的人与这个角色更为匹配。

奥本海默曾说过："当你看到技术上很棒的东西时，你就会去做它……原子弹就是这么回事。我没有想到过会有人反对制造它，也没有想到关于它被制造出来之后该怎么办会产生争论。"波兰裔英国物理学家、核怀疑论者约瑟夫·罗特布拉特对这句话表示赞同："科学家们认为，只有在完成测试之后……他们才应该参与关于如何使用核弹的辩论。"甚至连弗里曼·戴森也承认了这一点："我亲身感受到了核武器的魅力。如果你是一名科学家，那么想要去研究它的诱惑是不可抗拒的。我们所有的麻烦都有一部分是它造成的。"

在创作曼哈顿博士时，摩尔想要深入研究核物理和量子物理。摩尔认为，这样一个生活在量子宇宙中的角色不应该像我们一样，用线性的眼光看待空间和时间。曼哈顿博士应该用一种完全不同的感官视角来观察人类的事务。摩尔脑子里想的是《星际迷航》中的斯波克，但是他不想要斯波克身上那种明显属于外星人的另类气质。他心中的曼哈顿博士原本是有着人类习惯的，但是后来会慢慢地远离这些人类习惯，也逐渐远离人类本身，这一点在曼哈顿博士的台词中表露无遗："我手中有一张照片，照片中是一个男人和一个女人。他们身在一个 1959 年的游乐场中……现在我已经厌倦了看这张照片。我张开手指，照片飘落到我脚边的沙地上。我要去看那些星辰。它们是如此遥远，它们的光要经过那么久的时间才能到达我们……我们看到的星辰只是它们过去久远的照片而已……现在是 1985 年的 10 月份。我正沐浴在仙女座 200 万年前发出的光芒之中。我能看到一个世纪之前艾萨克·瓦德等人在 1885 年发现的超新星。它正在摇曳闪烁,那是它在对早已死去的三叶虫眨眼。超新星是黄金形成的地方,并且是唯一的地方。所有的黄金都来自超新星。"

曼哈顿博士的肖像

2009 年上映的电影《守望者》中,发着盈盈蓝光的曼哈顿博士可谓当时风尚中真正出色的"超级英雄"。

那么,从核物理史中崛起的曼哈顿博士又是如何将这些物理学往事体现在他这个角色中的呢?曼哈顿博士的许多超能力都具有量子属性,因为根据摩尔的连环画,曼哈顿博士的故事发生在一个名叫"内蕴场消减器"的房间中。通常,科幻小说都需要一个所谓的"自愿暂停怀疑"。诗人塞缪尔·泰勒·柯勒律治于 1817 年首次创造了这个短语。柯勒律治认为,如果一位作家能够在一个科幻故事中注入"人类利益和表面上的真相",那么读者就会暂时不去判断故事的合理性。

所以在曼哈顿博士这里,我们也需要借用一下这个"自愿暂停怀疑"机制。量子力学研究的是基本粒子单独和群体的行为。它解释了原子和电子的行为。但要将量子理论应用到曼哈顿博士身上,我们还需要在信念上有一个重大的飞跃。曼哈顿博士是一个基于量子的"超级英雄",他可以存在于时空之外,可以将自己分裂成不同副本,并将这些自己的副本传送到不同时空中去。

我们先来说说曼哈顿博士为什么是蓝色的。在最早的漫画中,曼哈顿博士身上的蓝色是创作者的审美选择,他还创作过另一个蓝色的角色——侠盗骑兵。曼哈顿博士使用了这种蓝色皮肤的图案,这使得曼哈顿博士这个角色的配色方案与众不同。但蓝色也可能与量子科学有关,比如切连科夫辐射。切连科夫辐射以 1958 年诺贝尔奖获得者、苏联科学家切连科夫的名字命名，这是一种电磁辐射，它是由在介质中以比同一介质中的光速更快的速度移动的粒子发出的。

由于曼哈顿博士身体中的分子经过了被解体和重构的过程，因此他很可能会泄漏出高能电子。曼哈顿博士必须一个原子、一个原子地重构自己的身体，因此他很可能以各种方式失去电子，这些电子高速飞离他的身体，使得他带上了这种荧光蓝色。事实上，如果曼哈顿博士能用某种方式改变这些电子飞离他身体的速度，他还能改变自己身上蓝色的深浅度，有时候在漫画里他确实会这样变颜色。

那么，曼哈顿博士从人类转变成为超级英雄，其背后的物理学原理又是怎样的呢？他是否有可能消除那些让人身上的原子与原子绑定在一起的力，以至于让人解体呢？我们先考虑一下自然界的四大基本力。当你坐在这里阅读这本书的时候，不管你读的是纸质书还是电子书，你大概都不会觉察到施加在你身上的力。力是改变物体运动状态的原因。推力或者拉力会使得物体的运动方式发生改变，或者使物体变形。

你肯定非常熟悉万有引力。这种力将你朝着地球的中心向下拉，让你在椅子上坐稳，但是为什么你没有直接穿过椅子掉到地上去呢？那是因为有电磁力。电磁力就是将椅子中的原子与原子绑定在一起的力，正是电磁力使得你身上的原子不能"侵入"到椅子中去。而在你的电脑屏幕上，也是电磁力产生了可见光线。

万有引力和电磁力在我们每天的日常生活中都能被轻松感受到，而另外两种基本力则不然。这是因为它们的作用领域是在原子尺度上的，这就是曼哈顿博士的王国了。第三种基本力是强力（强相互作用力），它能够将原子核绑定在一起。最后一种，弱力（弱相互作用力），它是衰变发生的原因，特别是 β 衰变。在 β 衰变中，原子核中的中子会分裂成一个质子和一个电子，这个电子会被原子核释放出来。

怎样比较这四种基本力的强度呢？为了回答这个问题，首先考虑你最熟悉的万有引力。万有引力微弱得不可思议，它微弱到连弱力都是它的上万亿亿亿倍。电磁力比弱力强 1000 亿倍，而强力（恰如其名）则比电磁力还要强上 100 倍。美国科普作家蒂莫西·费里斯通过一个巧妙的科学装置——一只玩具狗——比较了这四种基本力的强度。如果用玩具狗最短的长3厘米的腿代表引力的强度，那么代表强力强度的那条腿将远远长于可观测宇宙的半径。这只玩具狗可真是有点跛脚啊。

有时候科学家们会想象出一种力，它是强力、弱力和电磁力的统一。但这种力所需要的能量太过巨大，以至于没人想得出如何创造出它，除非这人是艾伦·摩尔。他需要一个比有史以来最强大的粒子加速器还要强大一万亿倍的粒子加速器。

但是，如果我们顺从柯勒律治的想法，心甘情愿地暂停我们的怀疑，就让我们设想一下，我们可以消除那种将我们的原子与原子绑定在一起成为一个人的力。再也没有电磁力来束缚住你的原子，也没有强力来固定住你的原子核。"内蕴场消减器"真的会在亚原子水平上将你解体。

当这一切发生在曼哈顿博士身上的时候，他身体的感知被剥夺了，但他的意识幸存了下来。这意味着这位优秀的博士不仅仅可以重构自己，还能再更进一步：他给自己增加了六块腹肌、肌肉发达的肩膀以及通常在物理学家中极为罕见的、如雕塑一般的形体！

我们的"超级英雄"对于核毁灭有什么看法呢？一开始，他的身体状况让他对于人类的事有些距离感，忘记了自己也曾是人类。"我厌倦了这个世界，这些人。我厌倦了被卷入他们混乱的生活。"当被问及"人类就要灭绝了，这难道不会让你感到困扰吗？"的时候，曼哈顿博士回答道："所有的痛苦和矛盾都结束了吗？所有那些无谓的忍耐终于都结束了吗？不，这并不困扰我。"而当有人问他："乔恩，要打仗了可怎么办？你必须阻止战争！每个人都会死掉的。"他则回答道："宇宙甚至都不会注意到这件事。"这个回答呼应了他的观点，即人类的生命是"一种被高度高估的现象"。没有微生物，火星照样过得很完美。

然而，最终，当世界真的站在核毁灭边缘时——这个危机如今也一样遥不可及——曼哈顿博士终于觉得，人类的生命算是一个值得被拯救的奇迹。

我们是否都会进化成为正义联盟中的赛博格人?

"我的身体或许是有极限的,但当我为其注入了思想时,没有什么是我做不到的。"

——钢骨,《少年泰坦》第二季

"有些人似乎无法接受这种转变,这种转变确实是在逐渐发生的。从某种意义上说,这种转变始于第一台简单机器的发明。但现在,想要否认这种变化需要一种故意装出来的无知,因为如果你已经看到了人们是如何穿上钢铁外衣在高速公路上行驶的,或者我们是如何将一半的记忆外包给各种设备来存储的,这些设备就像是我们随身携带的外部大脑一样,如果你注意到即使我们彼此相距甚远,也能够通过远程互动的方式来保持最亲密的关系,亲爱的赛博格人⊖,你就会知道,人类和机器早就密不可分地融合在一起了,这并不是什么新发现。"

——尤金·林,《亲爱的赛博格人》(2017)

"我们天生就被设计成了不知满足的物种。即使人类获得了快乐和成就,这也是不够的。人们总想要得更多。我认为大概在200年以后,智人很可能会通过生物技术或基

⊖ 赛博格人,即经过机械化改造的人类,又译为半机械人。 ——译者注

因工程，抑或是通过创造部分有机、部分无机的赛博格人，将他们自己升级为一种神性的存在形式。那将是自生命出现以来生物学上最伟大的一场进化。从生物学的角度来说，40亿年来，并没有发生过什么真正的变化。但未来的人类将与今天的人类不同，就像今天的我们与黑猩猩不同一样。"

——尤瓦尔·诺亚·赫拉利，《每日电讯报》

"就这一次，我想看到赛博格人不是我们的敌人。赛博人，塞隆人，还有博格人。天哪，你知道这些个充满贬义的称呼会对你的自尊心造成多大的伤害吗？"

——维克多·斯通，《赛博格人》

有些人称他为赛博格人。另外，他也被称为赛博人、机器人、机械人、仿生人、赛博格人2.0、欧米茄飞行人、斯帕基人、铁拳侠、铁皮人和银拳头。要说维克多·斯通在他的成长过程中遇到了一些小问题，这种说法并不能十分公平地描述他的情况。他的家人塞拉斯·斯通和埃利诺·斯通是两位科学家，他们把年轻的维克多当成了许多项智力增强项目的实验对象。毫不奇怪，对于自己是一只实验小白鼠、惹上官司等情况，维克多都感到十分厌烦。然而，就在维克多即将走上黑暗之路时，他父母的实验最终被证明是成功的，维克多的智力达到了天才的水平，他的智商高达170。

维克多有多强呢？随着他身体的各个部分被先进技术做了改造或替换成了人造部件，维克多的力量、速度、耐力都远远超过了正常人类。他的身体是用金属改造的，因此比普通人的身体耐用得多。他体内装载的计算机系统可以与外部计算机连接，所以他的"网络"属性几乎达到了极限。如果这还不够的话，那么他还拥有超人类的视力，因为他有一双电子眼。他身上装有各种各样的工具和武器，比如抓钩和手指上的激光，还有他最常用的武器——声音放大器，那是一种"声波炮"，可以让维克多震晕敌人，或者聚集并发出威力足以击穿金属、打碎岩石的声波。更重要的是，维克多是一个不断进化的赛博格人。随着时间的推移，他能够修修补补，调整自己被改造的部分，将自己的功能和能力提高到甚至超过他的家人原本给他设定好的水平。因此，维克多的自我修复系统远远超出了小说里虚构的那些工厂里生产出来的半机械赛博格人。无论他的半机械化身体被用得多么破损陈旧，只要有了这个系统，他就能够完美地修复自己，甚至还能在一定程度上使得他身体的生物部分更加健壮。在 DC 漫画公司 2011 年重新推出的漫画《新52》中，维克多再次被改造，他的技术也进一步提高了。除上面这些能力之外，现在的维克多还拥有了程序适配器，使他可以与其他体外延伸技术对接。他现在可以使用火箭助推器飞行，并使用跳跃式喷气机进行远距离跳跃。他与蝙蝠侠合作，创建了一套更先进的数据前端，用来对接全球网络系统，而他的电子肺使他能够像海王一样在水下呼吸。那么，随着我们将计算机和人工智能等科学技术与我们的身体逐渐融合，人类有可能成为赛博格人吗？

家里的赛博格军队

你的家人中有赛博格人吗？我说的不是你那位戴眼镜的爷爷，尽管无可否认，他很可能就是一个人与机器完美结合的例子。隐形眼镜和助听器似乎也不能算在内，但至少，它们代表了老一代人机结合的模糊概念。在科幻和科学史上，有一种说法是控制论代表着机械控制论和有机体的结合。有机体可以是任何生物，而控制论则是对人类（或外星人、动物和机器）如何控制和交换数据的科学研究。根据这个定义，赛博格人可以是任何一位装有心脏起搏器、人工关节、胰岛素泵或工人耳蜗的人。所以，在你周围很可能就有一位赛博格人。

小说中有一个不太专业的赛博格人的例子，他就是弗兰克·鲍姆于 1900 年所著的经典小说《绿野仙踪：奥兹国的巫师》中的铁皮人，之后又有了许多电影改编的版本。铁皮人是多萝西在黄砖路上旅行时的同伴和帮手。根据这部小说改编的最著名的电影是 1939 年的《绿野仙踪》和之后在 2013 年拍摄的《魔境仙踪》。

超级英雄中的科学

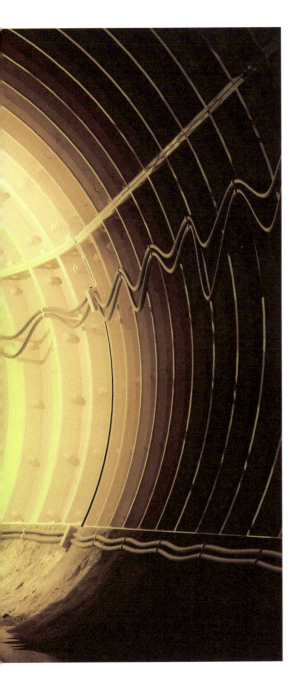

是什么事情让铁皮人变成一个赛博格人的呢?在原版故事里,铁皮人原本是个名叫尼克·乔珀的樵夫,他和一个名叫妮米·艾米的孟奇金国女孩订了婚(你不能这样瞎编乱造一件事。实际上,你就是可以这样编,鲍姆就是这么编的)。总之,东方坏女巫造出了一把具有魔法的斧头,把尼克的四肢一一砍了下来(这些古老的童话故事经常都是这么黑暗)。他就用金属代替了原来的手脚,于是他变成了一个早期版本的赛博格人。

让赛博格人在美国流行起来的是一本小说,书名不出意外地叫作《赛博格人》,由马丁·凯丹撰写,于 1972 年出版。大多数人所知道的赛博格人是这本书中名叫史蒂夫·奥斯汀的主人公。奥斯汀是一位虚构的实验飞行员,他的飞机在一场飞行实验中失事,他也差点丢了性命,奥斯汀身体的大部分都被换成了机械部件。在 20 世纪 70 年代中期的大部分时候,史蒂夫·奥斯汀都作为"无敌金刚",又叫作"600 万美元的男人",出现在美国的电视屏幕上,因为将他改造为赛博格人花了 600 万美元。

从那之后,赛博格人成了科幻小说的常

见题材。就像《神秘博士》中残酷无情的达斯·维德和恶魔戴立克一样，赛博格人是科幻小说中最著名的反派角色。事实上，神秘博士自己就创造出了最厉害的赛博格人，即赛博人。

早在1966年，赛博人就出现在英国电视上了。这是一个虚构的半机械人种族，一开始他们是完全有机的生物物种，后来为了生存，他们开始在身体里植入越来越多的人造部件。据说，他们起源于地球的双生星蒙达斯。这完全是虚构出来的，因为实际上地球并没有双生星。随着赛博人像维克多·斯通一样，往身体里植入了越来越多的机械部位，他们变得越来越冷静，逻辑性更强，计算能力更强，而人性则越来越少。当每一种人类情绪都从他们的头脑中消失的时候，他们变得不再是人，而是变成了机器。这个设想真的很有创意，如果我们把所有的决定都建立在冰冷的计算之上，忽略我们更人性化、更情感化的方面，那么赛博人或许就是人类有朝一日可能成为的样子。

学者们紧跟而上

科学家和工程师们也并没有落后很多，科学最终赶上了科幻小说。2000年，美国杜克大学医学中心的神经生物学家米格尔·尼科莱利斯博士教会了猴子如何使用机械臂。通过植入猴子大脑的电极，这只顽皮的猴子的想法被传输到了机械臂中。这个实验案例展示了如何控制仿生肢体，而与此同时，在现实生活中，赛博格人的概念也越来越为人们所知。

接着，在2015年，耶路撒冷希伯来大学的教授尤瓦尔·诺亚·赫拉利表示，在不久的将来，人与机器融合而成的赛博格人将很快成为自40亿年前地球上出现生命以来"生物学历史上最伟大的进化"。赫拉利教授在2014年凭借《人类简史》一书登上了各大头条。赫拉利的作品最初以希伯来语出版，现在这本书已经风靡全球，吸引了从比尔·盖茨、巴拉克·奥巴马，到克里斯·埃文斯和贾维斯·科克的大批粉丝，并被翻译成近40

种语言。

现在,赫拉利利用他在描绘人类历史的过程中所获得的专业知识,将目光投向了不久的将来。他的判断是怎样的呢?人类也许会进化成为类似神明的存在,拥有超越死亡的力量,那时的人类将与今天的人类大相径庭,就像今天的我们与黑猩猩大相径庭一样,甚至区别更大。赫拉利论点的核心是,人类是一个努力奋斗的物种。我们被心中的不满足所驱使,根本无法抗拒"升级"自己的冲动,无论是通过基因改良还是机械升级。

外星科技是否像美国队长的盾牌所用的吸震金属那样神奇?

"在我的数学大脑中,光是使用数字,就会让关于外星人的思考变得非常理性。我们真正的挑战是弄清楚外星人到底是什么样子。我们只需要审视一下自己就会看到智慧生命如何发展进化成我们不想遇到的东西。我想,它们可能居住在巨大的飞船中,因为它们已经耗尽了自己母星上的所有资源。这些先进的外星人可能会成为游牧者,它们会试图征服和殖民所能到达的任何星球。如果外星人来过地球,我想,结果会和哥伦布第一次登陆美洲时一样,那对美洲的印第安人来说可并不是什么好事。"

——斯蒂芬·霍金,《每日电讯报》

"这是一场野餐,想象一下,森林、乡村公路和草地。汽车从乡村公路开到了草地上,一群年轻人带着罐装的饮料、装满食物的篮子、收音机和照相机下了车。他们生起篝火、搭起帐篷、打开音乐。第二天早上,他们就离开了。那些在这个漫长夜晚中看着他们瑟瑟发抖的动物、鸟类和昆虫纷纷从藏身之处爬了出来。它们都看到了什么呢?到处都扔着用过的火花塞和过滤器。那群人丢下了一堆破布、烧坏的灯泡,还有一把扳手。当然,还有寻常的垃圾——苹果核儿、糖果包装纸、篝火堆残骸、罐头瓶子、某人的手帕、某人的铅笔刀、撕碎的报纸、硬币、从另一片草地上摘来的已经枯萎的花儿。"

——阿卡迪·斯特鲁伽茨基和鲍里斯·斯特鲁伽茨基,《路边野餐》

"外星人只比我们的科技先进几十年,这个想法太不可思议,没法当真。"

——保罗·戴维斯,《迷失海上:强·朗森神秘故事集》

"吸震金属,那是这个星球上最难以捉摸的物质,他们却用它做了个飞盘。"

——奥创,《复仇者联盟2:奥创纪元》

想象一下,外星人来造访地球了。这次造访不像小说《星际战争》中的那次,也不像其他电影或小说中外星人入侵地球的故事。在那些故事场景中,你常常会看到长着虫眼的怪物来到地球上,它们要么消灭、取代人类,或是在某种殖民制度下奴役我们,要么拿人类当作食物,掠夺我们星球的资源,再要么干脆毁灭我们的世界。

这次外星人的访问也不会像道格拉斯·亚当斯所写的《银河系漫游指南》中那场过分雄心壮志但又十分好笑的外星人入侵那样,"在数千年的时间里,他们那艘强大的宇宙飞船在空旷虚无的太空中一路高歌猛进,最终尖叫着冲向他们遇到的第一颗行星——那恰好是地球——但由于对比例尺的严重误判,整个舰队被一只小狗意外地吞进了肚子里。"

我们的这场外星人入侵同样充满了想象力,入侵地球的外星人甚至根本没有意识到地球上有人居住。毕竟,地球看起来都不太像是一个很重要的星球,这里也没有明显的智慧生命存在的迹象。我们的外星访客只在这里停留一晚,然后就可以中转到更重要、更有趣的地方去了。外星人在我们的星球上野餐一顿,随即便动身离开,只在睡醒时留下了一堆外星垃圾,这堆垃圾却彻底改变了我们的世界。你觉得这有点牵强,有点异想天开吗?这样的一场入侵正是苏联科幻作家斯特鲁伽茨基兄弟于1972年所写的《路边野餐》中发生的事情。

《路边野餐》讲的是一个外星人入侵地球的故事。故事发生在被外星人造访过后的地球上，那里现在出现了六个神秘地区。大约在十年前外星人造访地球时，它们在某种程度上或多或少接触到了我们地球上的这几个地区。这些外星游客们从未露面，但当地居民报告说，当时有很大的爆炸声，一些人失明了，另一些人则感染了某种瘟疫。尽管这次外星人造访被认为是短暂的，但在不到一天的时间里，六个区域都出现了神秘现象，奇怪的事件层出不穷。

在这些区域的深处，物理定律失效了。有些地区被研究它们的科学家取了十分不祥的名字。"第一盲区""瘟疫区"和"第二盲区"——这些名字都是根据外星人的造访对当地人口产生的影响所取的。六个区域被种种致命的现象所充斥，到处都是神秘物体或外星文物，这些东西的各种性质和目的是如此难以理解，如此先进，甚至可能是超自然的。被造访区域的面积各不相同，大多数区域可能只有几平方千米。有些区域正在逐渐荒废，而另一些则面貌全新。这些区域对所有形式的生命都是致命的，那里面隐藏着时空异常扭曲点，还有生命会被火焰、闪电、重力或其他奇怪的外星方式所杀死的随机点。

这六个区域的位置并不是随机的。这一发现是由一位诺贝尔物理学奖获得者在一次电台采访中阐明的。"想象一下，你转动了一个巨大的地球仪，然后从地球仪外某一个点开始向它发射子弹，弹孔会落在地球仪表面的一条平滑曲线上。关键之处在于，所有这六个造访区都位于我们星球的表面，就好像有人站在从地球到天津四连线上的某处，拿着手枪向着地球开了六枪一样。天津四是天鹅座中最亮的恒星。"

在联合国的协调下，世界各国政府尝试着控制这些区域以及其中的外星技术。联合国坚持对这些区域进行严格管控，试图阻止外星文物流出这些区域，因为他们担心，这种人类无法理解的外星技术会带来不可预测的后果。很有可能单独某一件外星文物就足以引发瘟疫或造成永久性破坏，甚至拥有摧毁地球的可怕力量。与这种官方管控相对立的，是一群居住在这些区域周边的跟踪者。这些跟踪者的社区扎根在神秘区域四周，有点像一群盗贼。他们的目的是潜入"禁区"，盗取那些或许有利可图的外星文物。跟踪者们在夜间工作，因为白天总会有士兵和科学家在不间断地监控着这些区域。

外星文物的诱惑是难以抗拒的。尽管它们之中许多都是致命的，但也有些外星文物具有对人类有益的力量，例如"一般般"，这是一种能产生无尽能量的黑色棍子，可以为车辆提供动力。外星文物中的圣杯是"金球"。据传言说，这只"金球"蕴含着足够的力量，能够实现任何愿望，它被深埋在神秘区域之中，只有一个跟踪者知道它的具体位置。还有一种是被称为"女巫果冻"的物质，科学家称之为胶状气体。这种"女巫果冻"能穿透大多数已知材料，而它所接触到的一切物质都会被转化为"女巫果冻"。只有某些特殊陶瓷容器才能容纳这种物质。这种"女巫果冻"似乎聚集在地下室之类的低洼地区，但它又具有很强的挥发性。

基本元素，亲爱的美国队长

关于类似美国队长盾牌中的吸震金属这样的物质元素，《路边野餐》这个故事又告诉了我们什么呢？事实上，很多。让我们先来思考一下地球上的元素的故事。最初，在古希腊人的时代，人们认为地球上所有的物质都是由数量不同的四种元素组成的，它们是土、气、火和水。古希腊人认为这四种元素都存在于"月下层"也就是"地球领域"之内，并向外延伸，几乎到了月球。而在月球外的部分，即"月上层"，这四种地球上的元素都消失了。宇宙的其余部分，即从"月球领域"到"恒星层"，都是由一种完全不同的物质——精华，或者叫第五元素所构成的。这种精华十分强大，它是纯净的、完美的、晶莹剔透的、永恒的。所以，在早期的说法中，地球是由四种基本元素构成的，而太空则是由一种完全不同的物质构成的。

然而，意大利天文学家伽利略却为这些神秘物质付出了代价。他早期使用望远镜进行的实验说明了"天堂"和地球是由相同的物质构成的。他的证据是什么呢？首先，伽利略用他的望远镜对准了月球，发现月球上到处是坑坑洼洼的，这就表明，月球上的精华是可变的。然后，当伽利略观察到太阳黑子时，他意识到这些黑子是精华中的杂质，而精华本应是纯粹和完美的。因此，后来的科学家开始意识到物质是普遍的和可变的。简而言之，你会在宇宙中的所有地方找到同样的东西。

而且，你可以亲眼去看，你甚至可以看到遥远的恒星是由什么物质组成的。要怎么做呢？我们可以分析恒星的"条形码"。让我们看一看来自任何一颗遥远恒星的光。当你仔细观察它的光谱时，你会发现它被一系列随机间隔的黑线所打断。它们看起来就像是在彩虹灯光背景下一条条细长的黑色树干。每条黑线都是由恒星大气层中的一些元素吸收光线所形成的，这就是为什么光谱中的这一部分没有颜色。但是，你怎么能分辨出它是恒星中的什么元素，又是什么元素形成了黑线呢？很简单，让我们回到地球上，在实验室中做出同样的元素发光光谱。在能量激发状态下的元素将在黑色背景下形成明亮的线条，即恒星光谱的反转图案。通过对恒星光谱中这些"条形码"的精确分析，我们可以非常详细地知道恒星中的所有元素。不仅如此，正如天文学杂志《天空与望远镜》中所说的，"对于那些能够理解其含义的人来说，恒星的光谱一目了然地说明了这颗恒星是一个什么样的物体——它的颜色、大小和亮度，它的历史和未来，它的特殊性以及它与太阳和所有其他类型的恒星有什么不同。"

因此，我们知道了各个恒星系统的元素构成都是基本相同的，其中也包括金属。在地球上，我们对金属的认识已经有几千年了。事实上，金属改变了人类历史。石器时代并未在一夜之间消失。当人类从狩猎转向农业时，石器也仍然在被人类使用。金属，是人类的第一批城市崛起的主要因素。青铜，一种铜与锡结合而成的合金，甚至成了石器时代之后下一个早期人类文明时代的名称。金属这个词来自希腊语，意思是"搜索"，所以你能由此看出金属这种东西在一开始是多么难以找到。人类从主要使用石器过渡到主要使用金属，这一转变花费了数千年的时间。

在非常久远的古代，人们只知道七种金属。这些所谓的古代金属是金、银、铜、铁、锡、铅和汞。为了更好地了解这些金属的重要性，让我们看一下在发现了这些金属的基础上建立的古代文明——美索不达米亚、古埃及、古希腊和古罗马。

例如，古埃及法老的统治很容易让人联想起金子。但实际上，在古埃及，黄金非常稀缺，其统治者的权力就来源于他们对黄金的独占。杜林纸草地图是一张古代埃及地图，绘于大约公元前1160年，是现存的古代世界地图中最古老的一份，其中详细描绘出了东方沙漠和努比亚地区中的1300座金矿。事实上努比亚这个名字中就含有古语"黄金"的意思，即"努比"。迄今为止，在埃及，只有100多座金矿被发现。因此，也许埃及的黄沙之下还埋藏着更多有关于古代金匠艺术的证据。

关于金属的重要性，另一个例子是从公元前2850年到公元前1450年蓬勃发展的"米诺斯文明"。诗人荷马曾说过，古代克里特岛上有多达90座城市。米诺斯文明展示了金属财富是如何通过贸易开始流通的。米诺斯人拥有一支商船队，并主宰了海洋。他们航行了数百千米，从东部的叙利亚到西部的英国。许多学者认为，米诺斯人在那里得到了金属锡（在当时，英国被称为"锡岛"）。

美国队长的秘密武器

说过了金属，我们把目光拉回到美国队长的盾牌上。对于美国队长的盾牌来说，吸震金属至关重要。如今，已知的金属元素已有80多种，吸震金属则不在其中，也不太可能在其中。在漫威宇宙中，吸震金属被描述为"一种罕见的外星金属物质"。在20世纪40年代的漫画中，并没有明确说明最早的盾牌中吸震金属的来源。但在几十年后的2001年，在一个重述的故事中则详细描述了这面盾牌的性质。根据后来的故事，1941年初，美国队长会见了虚构的非洲国家瓦坎达的国王特查卡。国王给了美国队长吸震金属的样本，这是一种具有独特吸震特性的"外星金属"，仅在瓦坎达和蛮荒之地被发现过。美国队长以前用的三角形盾牌已经退役了，新的吸震金属样本则被用来制造成了美国队长的圆形盾牌。

美国队长盾牌中的吸震金属几乎是坚不可摧的，能挡炸弹，还可以吸收绿巨人的力量。它的坚不可摧并不局限于地球上，即使外星球的敌人碰上它也是遇到了对手。盾牌挡退了雷神之锤的攻击，并没留下明显的伤害。据说，它能够吸收每次撞击中的大部分动能。这意味着美国队长真正受到了保护，因为他并没有感觉到阻挡攻击时的后坐力或冲击力。盾牌的物理特性也意味着，它可以从最光滑的表面上反弹开。它能够多次反弹，并将空气动力速度损失以及稳定性损失降到最低。盾牌还可以吸收坠落造成的伤害，这使得美国队长总是能够安全着陆，甚至从几十层楼掉下也安然无恙，比如在《美国队长2：冬日战士》中，美国队长从电梯上跳下来，安全逃离了神盾局突击队的追击。

吸震金属的所有这些特性听起来更像是外星科技，而不是地球上的金属。还记得《路边野餐》中的外星文物吗？让我们来比较一下美国队长的盾牌。我们可以将这些外星

第三部分 机 器

人造访的神秘区域与瓦坎达进行比较。神秘区域里到处都是外星文物,它们的各种特性是如此先进而难以理解,甚至可能是超自然的。因此,美国队长的盾牌和这些外星文物一样先进,都是外星科技的产物。对于持有者来说,值得高兴的是,盾牌比外星文物的危险性小,惰性也远高于外星文物。我们不禁产生疑问,瓦坎达的国土上是不是也有什么时空异常,或者其他奇怪的外星神秘现象发生呢?

终极的超级武器是什么?

"原子弹使得人类承担不起未来的战争。它把我们带上了通往山口的最后几步,而在那山口之外的,则是另一个国家。"

——J. 罗伯特·奥本海默,《原子弹秘史》

"我不知道第三次世界大战用什么武器打,但我知道第四次世界大战用的是棍子和石头。"

——阿尔伯特·爱因斯坦在与阿尔弗雷德·维尔纳的访谈,《新爱因斯坦语录》

"我一直在这些令人难以置信的垃圾中跋涉,想着我是否应该把世界交给猴子。"

——艾尔维斯·科斯特洛,专辑《尖钉》

古代先贤们清楚,战争的最高境界是不战而屈人之兵。然而,几个世纪以来,似乎从没有人向那群科幻小说作家们提到过这一点。人类对于超级武器有着可谓幼稚的痴迷。在 H.G. 威尔斯的《世界之战》中,火星人来到地球的目的是奴役人类。他们选择的超级武器是什么呢?死亡射线(意思都在名字里了,伙计们)。射线的光束消灭了它所能碰到的一切:物质燃烧成火焰,水蒸发成水蒸气,人的肉体气化消失。

然后是星球大战中那个该死的空间站——死星。众所周知,死星能炸毁整个行星,这就是它作为超级武器的特别之处。虽然它也能够作为一个方便的移动空间,但它的主要目的还是用作超级武器。当它出现在你的母星上空时,你就不得不好好想想是不是应该放弃抵抗了。作为一种威慑工具,它甚至没有必要真的开火,所以,也许死星至少遵循了一些古人的良言。

漫画书里自然也充满了各种超级武器。无限手套,据说拥有将其使用者变成上帝般存在的力量;宇宙魔方,它蕴含着可以扭曲空间的可怕力量;雷神之锤,它的与众不同之处在于它是漫画书中为数不多的外形是武器的武器之一。回过头来看,这种对超级武器的痴迷似乎颇有历史。早在 1627 年,就有一位文艺复兴时期的哲学家,名叫弗朗西斯·培根。培根是近代科学方法的奠基人之一。他有着将科学思想付诸实践的光辉愿景。在《新亚特兰蒂斯》一书中,培根列举出了未来科学能够创造出的奇迹,其中包括文艺复兴时期的超级武器,比如威力更猛的大炮、效果增强的炸药和能在水中燃烧、无法扑灭的"野火"。培根在他的建议书中加入了这些武器,以吸引当时嗜血的政治家。直到如今,政治似乎没有什么变化。而在培根之前,就有达·芬奇。达·芬奇也曾以他军事家的头脑寻求过政治的资助。

事实上,超级武器会在你最不会怀疑的地方出现。让我们回顾一下乔纳森·斯威夫特 1726 年写的小说《格列佛游记》吧。斯威夫特的小说是对科学和人性的隐喻,也是对当代旅行家故事的讽刺。这本书里也有一件超级武器,它就是飞行岛拉普达。

这座浮岛主要是由金属构成的,直径 7.2 千米,具有磁性,岛的内部埋着一块双极磁铁。它被下方的强磁场悬浮到空中。这块拉普达磁铁可以被转动,这样,这座住着人的拉普达岛就可以被精确地水平或垂直操纵了,但只限于地球磁场的范围内,斯威夫特估计地球磁场范围为 6.4 千米。

斯威夫特这个飞行岛的想法是从英国医生威廉·吉尔伯特的磁性实验中得来的灵感。斯威夫特飞行岛的概念很模糊。它是一个迷你星球,但又是一项先进的武器技术。这座岛的地质结构类似于一颗行星。然而,岛上的着陆梯和观察走廊又暗示着这是一艘飞艇。引力场穿过拉普达和巴尔尼巴尔比之间的太空湾,这一点像是一个行星模型。然而问题是，吉尔伯特认为，地球是一块磁铁。因此，在斯威夫特有限的双行星模型中，起决定作用的力是磁力，而不是引力。最后一点，拉普达科学家们可以控制飞行岛所在的位置，这一事实大大削弱了它与行星的相似性。

所以说，斯威夫特的飞行岛是科幻小说中出现的第一件超级武器，拉普达类似于死星，它同样也是技术先进者所掌握的超级武器。暴虐的拉普达人可不是史蒂文·斯皮尔伯格的电影《第三类接触》中那样仁慈的守护者，他们更像是 H.G. 威尔斯的《世界之战》中残暴的超级反派外星人。

拉普达岛以未来的科幻小说中常见的方式统治着它下方的国家，来自下界的任何抗议都会受到惩罚，通过操纵拉普达岛，可以剥夺它下方土地的阳光和雨水。拉普达还能对下界实施更进一步的控制。下界如果产生任何不满情绪，都可能使他们的城镇遭受到导弹袭击，或者因为拉普达岛本身降落到地面上而被彻底摧毁。这种地球上空的超级武器的不祥存在也是斯威夫特对于科学非人道主义的一种讽刺。

机械时代的超级武器

然后，就到了我们现在所知的蒸汽朋克时代。到了 19 世纪，弗朗西斯·培根对未来科学的设想得以实现了。科学的进步确保了它对自然的统治。科学和技术在维多利亚时代的英国，这个叮当作响的新世界车间里确立了自己的权威。哲学家托马斯·卡莱尔在 1829 年写道："如果要用一个形容词来描述我们这个时代，我们应该称之为机械时代。"

牛顿的世界体系被解放了。哲学的引擎，即早期的蒸汽机，驱动蒸汽机车沿着金属轨道行驶；第一批蒸汽机船横渡了大西洋；交通巨头们纷纷修建起桥梁和道路；电报将信息从一个电报站传送到另一个电报站；使用煤气的大型棉花作坊里灯火通明；钢铁厂和煤矿场的喧嚣声连成一片，为这场工业革命提供着动力。

牛顿创造出了一个钟表的宇宙，一种机械的世界观。随着机器开始转动，科学侵入了人们生活的方方面面，进步和技术似乎密不可分。人们基于科学设计出机器不仅是为了探索自然，也是为了利用自然。对于每一种实实在在的小工具，小说都会产生出一千种愿景，用不同的发明去迎接每一个挑战。当然，其中的主要挑战之一就是发动战争。

蒸汽朋克时代自然也想要自己的武器。武器的进步成了激发想象力的关键因素之一。1871年，英国陆军上将乔治·汤金斯·切斯尼爵士为一本流行杂志匿名撰写了一篇短篇小说。这篇极具影响力的小说名为《多尔金战役》，它生动地描述了一场虚构的未来战争，这是德国人在战胜法国后又入侵英格兰的故事。切斯尼爵士的故事引发了一种偏执的政治担忧，即英国的军备已经落后于时代了。在这篇小说引发的新一轮流行幻想小说浪潮中，未来战争小说对于超级武器的描写变得更加野心勃勃，充满想象。在乔治·格里菲斯的小说《革命的天使》中，人类用飞艇和潜艇进行了一场世界大战，军队配备了前所未有的威力巨大的炸弹。儒勒·凡尔纳的小说《面对国旗》中描述了一个"罗克闪火弹"。这种超级武器是一种具有回旋镖属性的强大的爆炸装置，是导弹的原型。更著名的是 H.G. 威尔斯写的《大地铁甲》中预见了坦克的出现，而马修·菲利普·希尔的小说《黄色危险》则预见了在战争中会使用细菌武器。

爱德华·布尔沃－利顿的《一个即临种族》是一本关于超人的书。政治家和小说家爱德华·布尔沃－利顿，是现代英国保守党创始人本杰明·迪斯雷利的朋友。利顿写这本书的意图是讽刺达尔文生物学，他的小说用伪科学的手法描绘了一群自认为并非类人猿后代，而是青蛙后代的人。

他的故事虽然离奇却引人入胜。故事发生在一个光线充足的地下洞穴世界中。故事开始时，叙述者——一位美国采矿工程师，掉进了一个地下洞穴。在那里，他发现了一个神秘的类似人类的种族——维利人。这些类人生物从"维利"中获得巨大的力量，"维利"是一种由电磁驱动的力量，能够为航空艇、机械翼、强大的武器和自动机提供燃料。"在所有的应用场景中，无论是在室内还是室外，他们都大量使用自动机，这些机器是如此巧妙，如此顺应'维利'的操作，以至于它们看起来相当有理性。我几乎无法将我眼前所看到的那些正在快速移动着引导和监督巨大引擎工作的自动机和具有思想的人类形体区分开来。"

人类通过相互保证的毁灭而消灭了战争。这是被实现了的乌托邦，是"我们最乐观的慈善家的梦想"。

然而，利顿爵士却拒绝接受这种"天使般"的社会秩序。维利人的社交圈里已经消除了竞争，却缺少了那些"装点上层世界编年史的伟大的个人榜样"。冲突和竞争，痛苦和疯狂，这些都是人类的天性。利顿将"平静而天真的幸福"这个目标称为徒劳的梦想，而在赫胥黎的《勇敢新世界》中，这个目标被描写得更清楚。乌托邦或人类工业走上"维利"的歧路，只会将人类带往衰弱和倦怠。

这本书最后留下了一个令人恐惧的音符。正如不祥的标题所暗示的那样，一旦更加先进的维利人从洞穴中爬出地面，他们就会取代人类——"我越发深切地祈祷，在我们无法逃避的毁灭者出现在阳光下之前，时间会尽快过去。"

超级英雄漫画中的超级武器

X射线和辐射的发现给这些超级武器大集合增添了更多的疯狂。19世纪末，放射性物质和X射线的发现助长了未来战争小说幼稚的狂热。在乔治·格里菲斯的《劳工之王》一书中，人们在一场战争中使用了分解射线，这使得在那之后的许多科幻小说中都会写到某种可怕的射线。当格里菲斯和威尔斯提出了原子武器的想法后，科幻小说也对其进行了各种现场应用。例如，珀西·F.韦斯特曼于1923年创作的《无线电波之战》，这是一部典型的近未来惊悚小说，这一类小说常以描写军备竞赛为特点，而在这部小说中，写的则是英国的ZZ射线（不是1个Z的"Z射线"，而是有2个Z的更致命的"ZZ射线"）和德国的超K射线之间的竞赛。

这就是漫画里的文化。在这种文化中，罪犯科学家和超级反派用神奇却致命的射线和原子分解枪来武装自己。因此，漫画书和超级英雄的历史上也充斥着各种超能力小装置，这一点也不奇怪。这一类型中有一个反派——灭霸，他的目标似乎就是要寻找最强大的武器。但是，因为是在漫画里，所以灭霸找到的超级武器要比传统武器还要更幼稚。

于是，我们有了像莫比乌斯椅这样的武器，它可以穿越所有空间、时间和维度，不会受到任何伤害，甚至强大得可以用它来牵引两颗行星。再想想 DC 宇宙中最强大的道具之一，有着可笑名字的"命运头盔"。头盔佩戴者会获得各种超能力，包括瞬间传送能力、飞行能力、超强力量、心灵感应能力、隐形能力、超快速度和超强智力。事实上，超能力的供应是无穷无尽的，这显然是相当荒唐可笑的。

但也许，终极超级武器的大奖应该颁给漫威的"宇宙之心"。这是一群学会了利用宇宙巨大能量的外星探险家在多年前首次发现的能源。很显然，由于一个根本的缺陷，宇宙是注定要灭亡的，即使是通过宇宙之心的力量，这个缺陷也是无法纠正的。修复宇宙缺陷的唯一方法，似乎就是摧毁宇宙，然后再重建它。

因此，对更强武器的幼稚追求在最终摧毁整个宇宙的装置中达成了合乎逻辑的结局。如果他们一开始就听从那些古代圣贤的话，省去所有的麻烦就好了。

第四部分
怪 物

超级英雄中的科学

The Science of Superheroes

蜘蛛侠的日与夜

"超人是一位来自另一个星球的神一般的存在,蝙蝠侠是一位神秘的、难以捉摸的亿万富翁,而每一个蜘蛛侠,则都是有缺陷的人。"

——瑞斯·伊凡斯(又名蜥蜴教授,即《超凡蜘蛛侠》中的那只蜥蜴)

蜘蛛侠,蜘蛛侠/蜘蛛能干的他都能干/多大的网他都能织/抓小偷就像抓苍蝇/小心/蜘蛛侠来了/他有多强悍/听着伙计,他的血液有放射性/他能用一根蛛丝荡出去/小心你的头顶上/蜘蛛侠,蜘蛛侠/友善的邻家蜘蛛侠/财富和名声/他都不要/行动就是他的奖赏/对他来说,生活就是场大爆炸/不管在哪儿有谁挂在上头/你都会看到那就是蜘蛛侠

——保罗·弗朗西斯·韦伯斯特和罗伯特·哈里斯
为动画片《蜘蛛侠》创作的同名主题曲

"一个瘦削、沉默的身影慢慢隐没在逐渐聚拢的黑暗之中,他终于意识到,在这个世界上,一旦有了强大的力量,也就必须背负上巨大的责任。于是,一个传奇诞生了,一个新的名字被添进了那些使幻想世界成为现实的人物的名单上!"

——斯坦·李,《惊奇故事》

第四部分 怪 物

"这是蜘蛛的季节。每一年，差不多这个时候，成千上万的八条腿生物都会从地狱深处（或者花园深处，看哪个离得更近）爬出来，带着它们唯一的目的——折磨人类。"

——查理·布鲁克，电影《守护者》

凌晨4点，四下一片漆黑。

你忍着困意去了趟洗手间。当你坐上马桶时，一只小老鼠般大小的蜘蛛在你赤裸的双脚上爬了过去。你的肾上腺素陡然升高，就像被涡轮增压器喷射出的病原体一样，迅速奔流过你的血管。你的反应就像被一把巨大的电击枪击中了，一块肌肉都动不了，甚至连尖叫声都发不出来，最初的恐惧感消失了，接踵而来的是一阵麻痹感。你意识到，自己被咬了。

你现在是不是突然适合做彼得·帕克的蜘蛛朋友了？让自己强大起来吧，你很可能就是下一个超级英雄。毕竟在20世纪60年代初，斯坦·李的超级英雄的故事就是关于像你这样的普通人的。斯坦·李用大量的现实感彻底革新了漫画流派。他笔下的人物是实实在在的日常生活中的普通人。在他的故事中充满了有着个人问题的普通人，他笔下的角色经常饱受困扰。众所周知，帕克的主要问题是被一只受过辐射的蜘蛛给咬了。在一次实验中，这只蜘蛛在受到辐射后被抓住，正在渐渐死去，但在死之前它咬了帕克一口。它的毒液导致彼得·帕克的DNA发生了变化，使得他现在拥有了人类版本的蜘蛛的能力，比如与蜘蛛相似的、与体型成比例的超凡力量和敏捷性，后来他身上还有了被称为"蜘蛛感应"的东西。这是一种超感官的感知能力，一种对即将发生的情况的预感，每当危险来临时，这种预感就会刺激他的神经，对他发出警告。帕克还掌握了蜘蛛"抓地"的技能，让他能够在墙上、窗户甚至天花板上行走。

我们还记得，一位名叫卡尔·金的学生目击了帕克被咬的事故。现在，卡尔很聪明地将帕克不幸被咬事件与喜欢做危险动作的神秘蜘蛛侠突然出现这两件事联系起来了。敏锐的卡尔希望自己也能加入蛛形纲动物的行列，他想用吃掉一只被辐射过的蜘蛛这种办法来获得和帕克一样的力量,这是个奇怪的想法,但大家都这么想。可惜,事情不如卡尔所愿。他的身体出现了不可逆转的熵衰变,变异成了上千只疯狂的蜘蛛,所有蜘蛛都有着同一个意识。当你坐在马桶上打瞌睡的时候,突然灵光乍现地想道,如果想要过上像蜘蛛侠一样荡来荡去的生活,就要让蜘蛛咬上一口,这样的想法是否过于可笑。仔细想想,从继承蜘蛛的技能和本领这个角度来讲,蜘蛛侠本人算不上有多么幸运。如果总结一下蜘蛛这个物种的情况,你必须承认,它们是相当令人叹服的生物。它们有着一流的传感器阵列和便携式建筑系统,穿着坚固的装甲,还携带着致命的毒液注射器。与这份配置清单相比,即使是蜘蛛侠,他变身后的能力也是"缺斤少两"的。不过,你到底会变身出什么能力,这将取决于咬你的蜘蛛是什么种类。

蜘蛛的相关数据

蜘蛛的能力令人印象深刻,这一点并不奇怪。蜘蛛已经进化了将近 4 亿年。在那段漫长时间里,蜘蛛不仅进化出了非凡的适应能力,成了最成功的食肉动物之一,而且它们还将足迹遍布到了各大洲。从伊拉克沙漠中发现的 15 厘米骆驼蜘蛛,到极地海洋世界中发现的 25 厘米海蛛。蜘蛛征服了地球上几乎所有的栖息地。由于成功的进化和广泛的地理分布,目前世界上大约已有 4 万种不同的蜘蛛,或许还有更多种类的蜘蛛有待我们发现。要知道整个哺乳动物王国中只有大约 4000 种不同的物种,相比之下,蜘蛛种类的数量简直多到令人震惊,这就相当于,每有一种哺乳动物就会有十种不同的蜘蛛。

那么,让蜘蛛咬上一口能让你学会结网、捕猎或者直接爬墙吗?或者,根据咬你的蜘蛛种类的不同,你也能像鱼一样游泳,从一棵树跳到另一棵树,并痛揍你的死敌吗?考虑到你是在洗手间里被咬的,那么,最有可能的结果是你只是被一只普通的家蜘蛛咬了,家蜘蛛是活动在世界各地人类住宅中的各种不同蜘蛛的总称。如果是这样的话,那么你打击犯罪的新生活可能会受到一些限制。

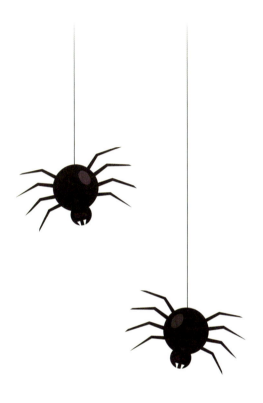

家蜘蛛的自然栖息地是家里。这些有着狡猾学名的蜘蛛们的故事远不止眼前所见。雄性家蜘蛛只有在寻找配偶的时候才会离开它们的蛛网,所以,刚刚从你赤裸的脚背上跑过去的蜘蛛很可能是在求偶时受挫了。这也许就是你会被咬的原因。每年初秋,成熟的雄性家蜘蛛都会四处寻找雌性配偶。正是在这个时候,它们最容易被人们看到,因为它们会爬上窗帘,掉进厕所或水槽。它们并不像人们通常认为的那样,会从插座孔中冒出来。也许,住在你家里的 95% 的蜘蛛从来没有去过户外,它们是为数不多的只能生活在室内的生物之一。事实上,它们到了室外就会死亡。那些非蜘蛛恐惧症患者几乎没有意识到,当他们端起老好人的架子,把眼镜推到脑门儿上,拿着一张纸把小家伙们请到外面去的时候,他们实际上是在把家蜘蛛推向可怕的死亡。再来思考一下,对于你想要加入彼得·帕克打击犯罪的愿望，这意味着什么呢。当你坐在马桶上时，你想象着自己给帕克打了个电话，向他提出了自己想要加入他的想法。但是他回答说，咬你的是一只家蜘蛛，所以你不能走出家门——那你又怎么能用在客厅里朝外大喊大叫的方式来打击犯罪呢？也许，罪犯和许多人一样，对蜘蛛都有天生的恐惧感，他们一看到蜘蛛就会浑身僵硬。蜘蛛是人类在进化史上祖祖辈辈始终无法摆脱的特殊恐惧。心理医生说，人类的视觉系统有一种"祖先机制"，这种机制会对蜘蛛产生的威胁感立即做出反应，在整个人类进化史上，这种蜘蛛造成的威胁感始终存在。"你确定，"帕克答道，"罪犯不会干脆转身逃跑吗？如果他们真的逃跑了，那你觉得你要怎么追上他们呢？"

蜘蛛的繁衍

在你的脑海里，你想象中的帕克已经对你整个打击犯罪的想法产生了全面的怀疑。不过他还是继续问道："你觉得你现在对进食有什么奇怪的感觉吗？"你要求帕克解释一下，帕克告诉你说，家蜘蛛在没有食物和水的情况下能存活数月，所以你应该感觉不到一丁点儿饥饿感。"顺便说一句，"他继续说道，"和许多蜘蛛一样，雌性家蜘蛛在交配后会吃掉雄性，但至少雌性家蜘蛛会等待雄性先自然死亡之后再吃。相比之下，雌性红背蛛比它的配偶大100倍，它会在交配后第一时间毫不犹豫地吃掉配偶。"

你告诉帕克，你不知道蜘蛛求偶还有这样的阴暗面。帕克答道，实际情况还要更糟。在某些蜘蛛物种中，比起不吃雄性的雌性蜘蛛，雄性蜘蛛更容易去寻找那些会吃掉雄性的雌性蜘蛛，例如宾夕法尼亚草蛛，如果雌性草蛛最近刚刚杀死并吃掉了一只雄性，其他雄性蜘蛛则更会去接近它。但这几乎没有什么进化意义啊，你向帕克抱怨道。帕克说，这听起来确实很疯狂，但蜘蛛专家已经做了研究。蜘蛛平常都只吃苍蝇，但在繁殖季节，雌性常常会吃掉雄性。

就雌性蜘蛛的饥饿情况而言，这似乎存在着风险，因为在每个繁殖季节中，雌性蜘蛛可能只会遇到 3 只雄性蜘蛛。但是，在实验室进行的测试中，75% 的雄性蜘蛛更喜欢接近那些刚刚杀死并吃掉了一只雄性蜘蛛的雌性蜘蛛，而不是刚刚吃掉了一只蟋蟀的雌性蜘蛛。帕克解释说，吃掉雄性的雌性蜘蛛在交配后更有可能产下能孵化出来的卵，所以，这就是进化论发挥作用的地方。如果你的蜘蛛女朋友闻起来带有被她吃掉的雄性的味道，那么她就不太可能杀死并吃掉你。但若她身上并没有雄性的气味，那么你就很可能是她菜单上的下一道菜。

  到了现在，在这场想象的对话中，你被吓得整个人都不好了。帕克的蜘蛛感应让他在电话里听出了这一点，他试图安慰你，便说道："别担心，蜘蛛不会真的吃掉它们的猎物。它们会先把猎物溶解掉，然后再喝掉猎物们的汁水，就像喝奶昔一样。"这是你最后的机会了。你仍然坐在马桶上，并决定向蜘蛛宣战。你疯癫的脑袋确信，这样一场战争实际上是可以获胜的。如果全世界敏感的灵魂知道，有一个强大的反蜘蛛特别行动小组在随时待命，他们一定会在床上睡得更香。即使在夜深人静的时候，特别行动小组也会跑来你家，把任何毫无戒心的蜘蛛送进天国。你确定，这种想法至今还没有实现乃是我们这个时代最大的悲剧。是时候采取行动了，要赶快，现在就行动，必须赶在它们咬到我们所有人之前，真到那时候世界就毁灭了。

我是格鲁特！地球上的树木有多少感知能力？

　　火箭浣熊："好吧，你要先拨动这个开关，然后是这个开关，这样它就启动了。然后你要按下这个按钮……这样你会有 5 分钟的时间离开。现在，不管你怎么操作……不要碰这个按钮……因为这个按钮会让炸弹立刻爆炸，我们就都完蛋了。现在，重复一遍我刚才说的。"

　　格鲁特："我是格鲁特。"

　　火箭浣熊："啊哈？"

　　格鲁特："我是格鲁特。"

　　火箭浣熊："没错。"

　　格鲁特："我是格鲁特。"

　　火箭浣熊："不！不！那个是会干掉我们所有人的按钮！"

——詹姆斯·冈恩，《银河护卫队 2》剧本

　　通过绿色导火索催开花朵的力量
　　催开我绿色年华；炸毁树根的力量
　　是我的毁灭者。
　　而我哑然告知弯曲的玫瑰

第四部分 怪 物

我的青春同样被冬天的高烧压弯。

——迪伦·托马斯,《通过绿色导火索催开花朵的力量》

"想一想一棵树吧。尽管树木看起来很美丽,但我们看不到地下在发生什么——那里生长着它们的树根。树木必须长出深深的根,它才能长得强壮而又美丽。但我们看不到这些树根。我们只是看到并欣赏树的美丽。同样,在我们内心发生的事情就像树根一样。"

——乔伊斯·梅尔,《基督邮报》

想要跻身于十大超级英雄之列是件很不容易的事。那些民意调查结果总是显示最常见的那几位候选人:雷神、绿巨人、美国队长、金刚狼、超人、钢铁侠、蜘蛛侠,当然还有蝙蝠侠,这位自 1939 年被创作出来就很受欢迎的超级英雄。因此,当漫威影业在 2012 年首次宣布,其下一部超级英雄史诗故事的主角将是一个由一群名不见经传的宇宙怪人组成的团队时,很少有人能预想到,《银河护卫队》将会向这几位众人皆知的超级英雄发起挑战。其中一位宇宙怪人是一棵虽然会说话但词汇量却只有 3 个单词的外星树,他这个角色让极客界的人们都深深地铭记于心,因此詹姆斯·冈恩的电影成了 2014 年全球票房最高的电影之一。而到了 2017 年,我们已经看完了《银河护卫队 2》,甚至有传言称,漫威影业正在温室里为格鲁特培养一个单独的衍生作品系列。

格鲁特是斯坦·李和杰克·柯比的另一个杰作,于 1960 年首次登场。这位主角人物是一位弗洛拉巨人,他来自于一个名字听起来十分神秘的星球——行星 X,树木世界的首都。弗洛拉巨人是一种树木生物,由于他们喉头僵硬,因此他们的语言很难翻译。这就是为什么他总是在重复"我是格鲁特"这句话。实际上,在一个名为《湮灭:征服》的故事中,很明显,格鲁特不仅会说话,而且还能用相当优秀的口才表达自己的意思。格鲁特的角色简介中有许多令人感到惊奇的情节。最初,他是一个外星树怪(类似于一种坏巨人),他来到地球上,对毫无戒心的人类发起了攻击,并拿人类当作研究对象。在 X 星球,格鲁特是一个古老家族的继承人,也是一位皇族(准确地说,他是第 23 代国王格鲁特，X星球的君主，树木世界的守护者，所有阴影的统治者）。格鲁特有许多有趣的设定，他会让蜘蛛侠做噩梦，他对毛茸茸的动物情有独钟，也可以复制出迷你版本的自己，其曾经是位真人秀明星。他很可能是他的族类中最后一位幸存者。如果你认为格鲁特是个相当酷炫的名字，请记住，在荷兰语、弗拉芒语和南非语中，格鲁特一词的意思就是"大"。所以说，在讲这些语言的地区的银幕上看到的这棵外星树格鲁特似乎并不关心自己的名字，他只是喜欢吹嘘自己的体型大而已。

格鲁特所属的种族，也就是弗洛拉巨人族，享受着最为先进的教育。这个种族的孩子们通过光合作用吸收了许多代前辈们收集的知识。这种高度进化的教育方式使弗洛拉巨人们成了天才。那么我们会在自己的星球大陆上的树木中发现什么样的天才呢？答案远远超出你的想象。

树语

你可能认为，树木们只是待在树林里，相互之间很少互动，但森林生态学家表示，地表之下所发生的事情之多大大出乎你的意料。某个种类的树木会动态地相互支持，它们之间建立了友谊和网络。森林生态学家声称，支持这一观点的证据是一棵树在生长时会尽量避免遮挡另一棵树的光线。而当昆虫的袭击迫在眉睫时，一棵树也会向其他树发出化学信号警告。例如，一棵受到蚜虫攻击的树会向附近的树发出提示，让它们在蚜虫到达之前提高防御能力。从这个角度来说，可以说树是具有恐惧和痛苦等情绪的，树还有一种"语言"，使它们能够相互"交谈"。

批评者可能会说，生态学家只是将树木和植物拟人化了。但毫无疑问，树木确实在用与人类截然不同的说话方式进行交流，生态学家用人类作为参考对比，是因为更科学的术语可能会妨碍人们对树木这种生命形式的理解。当生态学家说"树会哺育它们的孩子"时，我们会发现这种说法更容易让人了解树木之间交流的内容。哥伦比亚大学的苏珊娜·西马德就是这样一位生态学家。为了向人们说明树木之间的联系远比我们想象的紧密，西马德研究了菌根，即真菌与树木之间形成的互惠共生体。真菌会在寄主树木的根系中定植下来，帮助增强树木吸收水分和营养的能力，而树木则会为真菌提供光合作用形成的碳水化合物。在2016年的一次演讲中，西马德介绍了她和其他生态学家的一项实验，他们将母树种植在亲属和非亲属关系的幼苗之中。实验证明，这些树木确实认出了自己的亲戚。母树以更大的菌根网络为它们的亲属幼苗定植，它们向地下输送更多的碳。它们甚至减少了自己的根系竞争，为幼苗腾出空间。当母树受伤或死亡时，它们也会向下一代幼苗传递信息。所以，树会说话。西马德的这项研究听起来类似于弗洛拉巨人族的教育方式，即帮助子孙们直接吸收前几代人收集的知识。

西马德希望用她的研究来转变人们对森林的看法。她相信，如果我们更多地了解到树木家族之间的深层网络，我们就会对树木砍伐的行为更加关注。西马德明确表示，当树木通过菌丝体相互输送碳时，输送并不是随机发生的，而是一个经过深思熟虑的输送过程。她的研究表明，母树不仅会优先为后代提供关键营养物质，还会通过菌根网络向它们输送水、氮、磷、防御信号和等位基因化学物质。母树可以通过这种方式与数百棵树相连，它们传送给这些树木的有益物质使幼苗的存活率提高了4倍。西马德的研究对于森林保护至关重要。她说，如果有太多的母树被砍伐，那么"整个系统就会崩溃"。菌根网络中的各个节点之间的链接清楚地表明，有一张树木"万维网"在起作用，其中真菌是网络的链接方式，树木是网络节点，而最繁忙的节点就是西马德所说的母树。

树木"万维网"

另一位研究树木"万维网"的生态学家是年轻的英国植物科学家默林·谢尔德雷克。谢尔德雷克的研究地点之一是埃平森林，这是一片受到严格管制的森林，早在12世纪，亨利二世就宣布这里为皇家狩猎场。自1878年以来，伦敦金融城公司一直管理着这片森

超级英雄中的科学

第四部分 怪 物

林。小路纵横交错于埃平森林之中（这座森林的宽度基本不超过4千米），森林中点缀着大约一百多个湖泊和池塘，一座占地近24平方千米的绿色魔法森林——树木、灌木丛和水道——这是一个仍然欣欣向荣的树木"万维网"的例子。

谢尔德雷克的专长是研究菌根真菌，他的研究正在推动一场能够改变我们对树木和森林的看法的革命。在历史上，许多世纪以来，人们都认为真菌对树木和植物有害，真菌被认为是导致植物功能障碍和疾病的寄生虫。但最近的研究改变了这一观点。生态学家已经意识到，真菌和植物之间微妙的共生关系是一种"链接"，而不是感染。

让我们更深入地研究一下构成树木"万维网"的链接。这种真菌长有细丝状的真菌管，称为菌丝，菌丝会穿透土壤并与树根顶端相互交织。在构成树木根系的细胞这个层面上，真菌和根融合，形成所谓的菌根（mycorrhiza），菌根这个词融合了希腊语中真菌（mykós）和根（riza）这两个意思。因此，我们有了一张树木"万维网"，每棵树都通过地下菌丝连接而形成网络——这是一个极其复杂的、精心安排的生命结构。

现在人们认为，菌根真菌和树木的共生关系是十分古老的，一些估算认为，其历史约为4.5亿年。这种互惠互利的现象，即两种生物都从它们的结合中受益，其巨大影响远远超出如埃平森林这样的占地范围。人们对树木网络功能的深入理解引出了一些重大的问题：物种是从哪里开始，又是在哪里结束的呢？是否更应该把森林看作是一个单一的超级有机体呢？

下一次，当你想起格鲁特的时候，试着在脑子里做这样一个思维实验。想象一片陆地森林，让你的思想来到地下共生的地方。把土壤想象成是透明的，这样你就可以俯瞰这个被掩埋在土壤中的网络基础设施的最深处。再想象一下，那些真菌束悬挂在逐渐变细的树根之间，逐渐延伸进入到一个网络中，那个网络与我们城市下面传输数据的电缆和光纤网络一样复杂。英国科幻作家柴纳·米耶维曾将真菌的国度描述为"灰色王国"，那是一个纯粹另类的空间、时间和物种的王国。也许这就是格鲁特"树木世界的守护者，所有阴影的统治者"这一称号的含义吧。

隐形人带来的麻烦

> "这可是你们自己惹的祸!如果不是你们让我一个人待着,原本一切都会好起来。你们透过钥匙孔和窗帘偷窥我,把我逼疯了,现在你们会为此而吃尽苦头的!你们着急想知道我是谁,不是吗?好吧!我让你们看!"
>
> ——电影《隐形人》

> "'隐形人是个强大的存在。'他停顿了一下,猛烈地打了个喷嚏。"
>
> ——H.G. 威尔斯,《隐形人》

似乎,打从一开始,作家们就很清楚超能力可能给人们带来的惨痛经历。

著名的英国科幻作家 H.G. 威尔斯曾在他的小说中暗示过,隐形人可能并没有他自己想象的那么强大。就在他肯定自己力量的那一刻,一个不合时宜的喷嚏恰到好处地提醒了我们他身上的弱点。威尔斯的《隐形人》于 1897 年出版。书中的隐形人名叫格里芬,是一位科学家。他隐形的原理是这样的:如果将一个人身体的折射率改变为恰好等于空气的折射率,使得他的身体不再吸收或反射光线,那么他就会变得隐形。为了隐形,格里芬用了一种简单的权宜之计,他吃下了一种化学灵药,然而他却没法再变回来。

隐形这项超能力的辛酸之处在哪里呢?作为一个"隐形人",又有什么好处呢?当被问到最希望拥有什么超能力的时候,孩子们常常会选择隐形,而且孩子们选择隐形的理由似乎总是为了干"坏事",而不是干好事。事实上,对于儿童或是成年人来说,隐形这个超能力似乎很少能体现人性的高贵。显然,选择隐形的原因围绕着这样一个事实,即"隐形人"可以在不被看到的情况下监视其他人,并且可以在不被抓住的情况下为所欲为。孩子们通常会选择"抢劫"附近的糖果店作为他们变成隐形人后的首要愿望,而更有野心的成年人则将目标锁定在当地的银行。

2006年的电影《致命魔术》探索了舞台魔术的世界。电影关注的焦点是19世纪末伦敦舞台上的魔术师们如何在竞争中胜人一筹,创造出最好的舞台幻觉。在那个时间点上,魔术师们已经学会了如何使用全尺寸的镜子来折射光线,以此来制造道具或者魔术师本人消失的幻觉。为了避免陷入格里芬的倒霉境地,现代物理学家选择穿上了隐形斗篷,而不是吞下一片用化学公式造出来的灵药。美国普渡大学的弗拉迪米尔·谢利夫教授就研发出了这样一件斗篷。谢利夫以在等离子体、纳米光子学和光学超级材料等领域的研究而闻名。他开发出了一种由极其微小的、以一定角度摆放的金属针制成的斗篷,这种金属针可以迫使光线绕过斗篷。穿着斗篷的人似乎消失了,斗篷也并不会像威尔斯小说中写的那样让使用者陷入疯狂。谢利夫这样的科学家已经创造出了可以使光在微小的二维物体周围穿行的超级材料。其他科学家目前正在做与特殊照相机相关的实验,这种照相机可以直接拍摄到你身后的东西,并把身后的图像投影到前面来,这样从正面看起来你就像是隐形了一样。

别骗人了

但是,科学家们都是在骗人的——这些噱头都没有达到真正的隐形状态。真正的人类隐形状态是指,当一个人在运动时,从所有的角度和距离上看起来他都是隐形的。真正的从内部发生的隐形会引发重大的科学问题。在开始研究怎么把人变透明之前,所有雄心勃勃的科学家们都应该先认真思考以下这些问题。

首先，要想成为一个真正的隐形人，你必须裸体。如果你真的想在别人看不见自己的情况下四处走动，那么不管天气如何，你都必须脱下衣服。你也不能携带任何物品，钱包、智能手机和车钥匙都必须留下，否则你就会被人发现，因为观察者会看到你的小物件都飘浮在半空中！

其次，在交通法规中也得有针对隐形人的附加条款。当隐形人在街上行走时必须小心注意，因为司机和其他行人根本看不到你。当你是一个隐形人的时候，除非你非常小心，否则你会不断遭受到周围行人们的冲撞，或者更糟的是，你隐形的身体可能会被车撞翻在地，因为即使是观察力最为敏锐的司机也看不到你。

最后，还有嗅觉和其他感官因素需要考虑。如果你的香水味过浓，那么在你附近的所有人鼻孔里都会充满你的香水味。你还要小心行事，因为你发出的任何噪声肯定都会泄露出有你这么一个隐形人正在悄悄走动的事实。

尽管你的身体可以像威尔斯故事中的格里芬一样保持隐形，但你身体表面上的其他物质仍然是可见的。隐形人必须始终对食品店保持警惕，因为如果有人不小心把摩卡蛋糕碰到了你的皮肤上，就会无意中让你身体的一部分再次变得可见。淋到雨或雪也会产生类似的影响，所以隐形人一定要随身带上雨伞，但他们的伞又该藏到哪里呢？不仅仅是液体能让隐形人变得可见——你还得小心灰尘。通常来说，人们认为灰尘中含有一定比例的人类死皮，除非你是从弗兰肯斯坦博士的实验室里走出来的生物，否则你身体周围的环境中很可能会有死皮成分。当然，当我们刮胡子或洗澡时，大部分死皮会被水带走，所以死皮最终不是落在地板上，而是落入下水道里。灰尘更有可能是由土壤颗粒、棉花和其他材料制成的衣服中的微小纤维、动物皮屑、沙子、昆虫粪便和厨房里的面粉所组成的。毕加索或许说过，艺术会从灵魂中洗去日常生活中积聚的灰尘，然而你的身体，无论是否隐形，都会积聚灰尘。每当你打开一扇门或窗户，都会激起空气中微小的颗粒，这些颗粒最终会沉积在房子四周。但在此之前，它们可以在你出汗时黏附在你的皮肤上，或者在你的皮肤干燥时附着在皮肤表面的细毛上。所以，就算你是隐形的，灰

第四部分 怪 物

尘仍然会落在你的每一寸皮肤表面。在日常生活中，我们通常不会注意到有灰尘堆积在我们的皮肤上，因为我们根本看不到这层覆盖在我们肤色之上的灰尘。然而，隐形则意味着，观察者会看到有一团人形的灰尘正穿着超级脏的鞋底走过路口。真不错。

成为隐形人还会导致失明。你有没有想过，如果你是一个隐形人，对你来说这个世界会是什么样子呢？好吧，简单的答案是一片漆黑。想想看，你在黑暗中是看不见东西的。要看到一棵树，必须得有光线照射到树上，树再将光的信息反射到眼睛里。当你眼睛里的视网膜捕捉到一系列光线的细微差别和反射时，你的大脑会将它们解读成一棵树的图像。如果你是隐形的，那么光线就会直接穿过或者绕过你的身体，而不是在你身上发生反射。这意味着，你眼睛里的视网膜并没有捕捉到光线，你的大脑没有接收到任何可以解释成图像的信息。想想看，如果你面前没有镜子在反射光线，你就看不见自己的脸，所以，当别人看不见你的时候，你也什么都看不见。

如果像威尔斯笔下的格里芬一样，一旦成为隐形人就永远变不回来了呢？当你生病时会发生什么？如果你真的成了一个永久的隐形人，那么医生就不能为你做出诊断或采取某种治疗，因为他根本没法给你做检查。如果你在被行人冲撞时受了伤，或者从车祸中被人救出来了，又该怎么办呢？医生不知道应该在你身上的什么地方涂药膏或者绑绷带，因为他们没法判断你的伤势。而且，就这一点而言，你甚至自己都不能给自己诊断。想象一下，如果你的皮肤出了点问题，那么无论是轻微的皮疹还是黑死病，在看不到皮肤颜色变化或皮肤炎症的情况下，你自己或者医生该怎么诊断出病情呢？

所以，当一个隐形人并非只有乐趣。当然，你可以阻止罪犯抢劫，可以免费旅行，你还可以干涉一场体育赛事，甚至让别人发疯。但如果每个人都像格里芬一样，变得永远都隐形了呢？那样的话，我们的世界将变成一个最乏味的地方，街上看不到人，社交媒体上没有什么可看的，电视上也没有名人。总而言之，成为一个隐形人确实是一件非常孤独且糟糕的事情。

超级强壮：拥有绿巨人的惊人力量

"这就是没有智慧加持的力量吗？它巨大，笨重，累赘；它能给予令人骄傲的安全感，却容易被最轻巧的诡计所击倒；它的存在不是为了统治，而是为了服从智慧的命令。"

——约翰·弥尔顿，《斗士参孙》

"力量并非来自身体。它来自不屈不挠的意志。"

——莫罕达斯·甘地

"医生兼科学家布鲁斯·班纳博士正在寻找一种方法，来挖掘出人类所拥有的所有隐藏的力量。然后，出了一场意外，过量的伽马射线与他身体中特殊的化学物质发生了相互作用。现在，当布鲁斯·班纳变得愤怒时，他身上就会发生令人惊讶的变化。"

——电影《无敌浩克》

他曾摧毁了一颗有地球两倍大的小行星。据说，他曾高高举起过一座大山，在萨卡尔星球上时，他曾将两个大陆板块拽到一起，仅凭自己的力量就阻止了这颗星球分裂。无敌浩克也就是绿巨人的力量堪称传奇。据说，绿巨人拥有最高级别的超人力量，当他受到压力时，他就会获得力量。一般来说，他的力量与他的愤怒程度成正比。但是，作为一个超级壮汉的真实日常故事又会是什么样呢？想象一下拥有无敌浩克身上那种不可思议的力量会怎样吧!

哥伦比亚大学的研究人员最近发现,淋球菌是地球上最强壮的生物之一。淋球菌能够举起相当于自身体重十万倍的重量,这比有记录以来的任何其他生物都要强壮得多(仅次于淋球菌,螨虫只能举起大约相当于其体重一千倍的东西,这使它比淋球菌弱小了很多)。让我们来看看淋球菌的力量,也就是说一匹具有这种力量的高头大马可以在没有轮子帮助的情况下举起一亿千克的重量。如果一个体重76千克的人拥有这样的力量,那么他就可以轻轻松松地把埃菲尔铁塔丢到身后去!

让我们假设,现在你拥有了淋球菌的力量。不过,我们并不关心你的这种新力量从何而来,我们只关心有了这种力量之后你会怎样生活。就这一点而言,我们不妨尽全力设想一番,假设你醒来时身高2米,体重450千克。现在,你将如何处理那些日常生活中的小任务呢?拥有如此巨大的力量,你是否很快就会忽视生活中的细微之处呢?

一旦拥有了绿巨人的力量,世界将大不相同。突然之间,一切都显得如此脆弱。你的力量已经增大了一千多倍。你必须小心照顾好你的朋友,免得折断他们的手指。对待

恋人也要柔和些,因为即使是你最温和的拥抱也会弄断他们的骨头。外出就餐会变得很困难,你会很容易就拿筷子扎穿盘子。突然之间,餐桌礼仪变得像神经外科手术一样烦冗难耐。

老生常谈:危难中的少女

你可别想着轻易去营救危难中的少女,无论她是从摩天大楼顶上摔下来的,或是被一个超级反派从顶层公寓里扔出来的,如果你想接住她,那么就会有问题。几秒钟之内,你就会将她毫无生气的尸体抱在怀里。为什么会这样呢?这是物理,兄弟。

比方说,你就是想把一个保龄球瓶敲进卧室的墙里去。想想看,以你绿巨人的力量,你可能根本不需要锤子。直接猛敲那个瓶子吧!但是这个瓶子被敲进墙里的距离还不到你能敲进墙里的钉子的一半长,很显然的,保龄球瓶被你的大力给敲坏了。但是,为什么用同样的力,钉子比瓶子更容易钉进去呢?因为压强。当你用手掌击打保龄球瓶时,力会分散到保龄球瓶底部的整个区域上去。结果就是,保龄球瓶钉不进很深,肯定会在冲击下碎掉。但是,当你在钉子上施加同样的力时,钉子更有可能刺穿墙壁,因为同样大小的力现在作用在一个较小的区域上——钉子的顶端。简而言之,压强就是压力除以面积。因此,面积越小,压强就越大。这就是为什么我们可以在不刺穿皮肤的情况下举起重物,但皮下注射针头却只需轻轻一刺就可以让我们流血。现在,让我们回到那个陷入险境的少女身上。你现在明白了,施加在她身上的压强可以通过施加在她身上的冲击力除以你抓住她时接触她手臂的面积来计算。你的新力量并没有发挥作用。你的手臂确实强壮得足以抓住她,却无可避免地折断她的骨头。她的脊椎根本不够强壮,没法做到被你抓住的同时不被你折断。

你也可以选择使用超高速超能力,迅速拆下来一块离你最近的门板。然后,在她摔到地上之前,你想着怎样用门板来接住她。但是这个计划也失败了,因为杀死她的不是摔落本身,而是摔到底时突然静止。

少女坠落

仔细考虑一下少女坠落下来的情况。比方说,她是被从一栋高约114米的40层楼上扔下来的。以你,绿巨人,现在2米的身高来说,如果你踮起脚尖,再将手臂举过头顶,抓住门板,那么你可能会达到4米高。但是,你想要将压力分散到门板上更大表面区域的希望注定会失败,因为你真正所做的,只是将地面向上移动了4米。

因此,少女现在下落的距离是110米,而不是114米。如果你不计算空气对少女产生的阻力,那么在撞击发生前,她会达到45米/秒以上的极限速度。在她下落的路径上有一扇门板挡在那里,这会产生以160千米/时的速度撞到一堵墙上一样的效果。

就算我们可以在你的超能力中提高飞行能力,但在这里物理学仍然会发挥它的作用。是的,你可以通过迅速上升来拯救坠落的少女,但想要如此,你必须要飞到她所在的地方,接近她的高度,然后你必须以她坠落的速度开始向下飞行。最后,你得抓住她,逐渐减速,直到你们俩一起撞到地上。

当然,我们的解决方案得附带上一些关键条款。你必须确保在少女开始坠落的地点和地面之间有足够的缓冲空间。现实地说,由于少女是从相当高的地方坠落的,除非她已经落到了离你很近的高度,否则你无法接近她。看来老弥尔顿关于超能力的观点是正确的——你还需要双倍的超级智慧!

夜魔侠：失明会使其他感官增强多少？

凯伦·佩吉："这是怎么发生的？"

马特·默多克："是车祸，那时候我9岁。"

凯伦·佩吉："那肯定很艰难吧。"

马特·默多克："不，我挺过来了。"

凯伦·佩吉："你还记得……看得见是什么感觉吗？"

马特·默多克："我，嗯。是的，我记得。"

凯伦·佩吉："我无法想象那种感觉。"

马特·默多克："你知道，我应该说的是，我并不怀念能看见的时候。这是在创伤恢复训练中他们教你做的。要用你所拥有的来定义自己，重视差异，不要为你所缺乏的东西道歉。大多数情况下都是这样。但这并不能改变这样一个事实：为了能再次看到天空，我愿意付出任何代价。"

——《夜魔侠》第一季第一集，《进入擂台》

"每种物体表面都有自己的声学特征——例如，我能认出一棵树，因为树干产生的回声与树叶不同。坚硬的木头会反射声音，而树叶也会反射和折射声音，散射声波。只要打个响指，我周围的一切就都可以被识别出来。它们在我的脑海中形成了一个具有深度、特征和丰富细节的 3D 图像；它将光明带入了黑暗之地。我经常可以比有视力的人更快地走出礼堂，因为我能识别到出口在哪里。如果我身处在一个嘈杂的地方，比如音乐会现场，我也不会感到焦虑——我只需要增加打响指的音量，我自己打响指的声音会盖过噪声。我对自己打响指的声音很熟悉，如果别人听到我的声音，我也不会觉得尴尬。我并没有超人的听力，尽管有时我会被人们称为蝙蝠侠，其实我刚把我的耳朵训练到能够理解回声。任何人都可以做到这些，无论是视力健全的人还是盲人——这不是什么困难的事情。"

——丹尼尔·基什，《我教会了自己如何看见》

多年来，从地狱厨房[一]涌现出了一批著名的居民：詹姆斯·卡格尼、詹姆斯·冈恩、罗伯特·弗里普、拉里·大卫、西尔维斯特·史泰龙、米基·洛克、马里奥·普佐、斯坦利·克莱默、弗兰克·米勒和艾丽西亚·凯斯，他们只是其中的几例。然而，对许多人来说，地狱厨房最著名的居民是马特·默多克和他的另一个自我，超级英雄夜魔侠。默多克出生在一个贫穷的美国家庭里，他是在一个"声名狼藉"的地区长大的，这让他意识到，需要用法治来防止人们做坏事。然而，年轻的默多克想要学习法律的计划被一场可怕的事故彻底结束了，这场事故让他失去了视力。那一次，默多克在一场车祸中见义勇为去救车里的人，这时，车上装载的有毒的放射性物质洒了出来，默多克因此而失明，只能依靠剩下的感官生活。后来，在盲人武术大师棍叟的严格指导下，默多克掌握了如何使感官变得更加敏锐的方法，并让自己成了一名令人敬畏的战士。很多超级英雄都当得轻轻松松。超人只需要跑到一个阳光明媚的地方，然后砰的一声，他就能比一颗加速的子弹飞得还快，比一辆机车的力量还大，还能一次跳过一栋高楼。其他超级英雄则足够幸运，他们天生就有基因突变赋予他们的力量。暴风女是几代非洲女巫祭司变种人的

[一] 美国曼哈顿的一个区域，早年是曼哈顿岛上一个著名的贫民窟。 ——译者注

后裔,她们天生就具有控制天气的超能力。但马特·默多克则必须努力掌握自己的技能。如果你有飞行的能力、超强的力量或驾驭天气的能力,那么你能与坏蛋作战是一件容易的事,但如果你甚至连一双功能齐全的眼睛都没有呢?

空气中的王国

当默多克成为夜魔侠时,一个原本普通的人变成了一个能够感知和收集所有可用数据的"完美接收器",这其中大部分数据都是我们平常所看不见的。我们可以把夜魔侠想象成一种无线电接收器,他能扫描世界上的所有波段,在所有混乱的静态中寻找信号。当他确实在一堆噪声中检测到一些信息时,他会仔细观察自己的猎物,将频率调整到特定的目标波段上,比如某些细微的声音。事实上,夜魔侠并不是一个普通的无线电接收器——他可以同时调频到 20 个目标波段上,并在脑海中描绘出他所身处的环境。

对于接受棍叟指导的年轻默多克来说,他的基础教程肯定是回声定位。在能够无畏地与犯罪分子作斗争之前,默多克必须首先学会如何不撞到东西。回声定位基本上是用声音去"看"的一种能力,它的原理是基于生物利用声呐进行导航和测距的能力。

想象一下默多克正在大峡谷度假,远离了地狱厨房的那些熙熙攘攘的街道。如果他在峡谷对面大喊大叫,那么他的声带振动会产生声波,声波会从峡谷另一边的岩石表面反射回来。如果空气压力和空气中的成分都是正常且恒定的,那么声波就会以不变的速度传播。默多克首先要学会如何判断这种声音的速度,并利用这种声音和他天生的时间感来测量峡谷的距离。

回声定位是海豚等动物所使用的技能,尤其是蝙蝠。事实上,研究蝙蝠的视觉,可以让我们很好地了解夜魔侠是如何利用回声定位的基本原理的。蝙蝠发出的声音和人类一样,它们让空气流过振动的声带。蝙蝠在飞行时会张开嘴巴,用嘴巴发出声音,抑或是通过鼻子发出声音。学者们认为,一些蝙蝠具有奇特的鼻部结构,能够帮助它们集中

声波，以便更精确地定位目标猎物。

对于大多数蝙蝠来说，它们用以回声定位的声音频率是如此之高，以至于超出了普通人类的听力范围。但是，就像默多克在峡谷中的喊声一样，蝙蝠的声音仍然表现为一种从物体表面反弹回来的波的形式，并会在空气中传播。蝙蝠会发出声波，然后聚精会神地倾听它的回声。通过某种自然的方式，蝙蝠的大脑能够整理这些返回的数据，并计算出物体的距离。

和夜魔侠一样，蝙蝠也可以计算出物体的位置、大小，甚至物体前进的方向。它能够将到达左耳和右耳的声音相比较，由此破译出昆虫是在它的左边还是右边。例如，如果蝙蝠的右耳在左耳之前听到回声，那么昆虫显然在右边。为了进行这种破译，蝙蝠的耳朵具有一个夜魔侠所不具备的优势——它们的耳朵里长着一组复杂的褶皱，能够帮助它们确定物体的垂直方位。

蝙蝠是如何测量猎物体型大小的呢？在处理物体返回的声波数据时，蝙蝠可以由此测量出昆虫的大小。在这里，回声的响度是关键因素。较小的物体反射的声波较少，因此会产生响度较小的返回声波。蝙蝠又是如何感知猎物方位的呢？在这里，回声的音调（或频率）至关重要。当昆虫远离蝙蝠时，回声的音调会比蝙蝠发出的声音低；当昆虫向蝙蝠移动时，回声会具有更高的音调。对于使用回声定位的生物来说，它们并非生活在一个火海的世界里，而是生活在空气的帝国里，空气使声波得以传播。

火海中的世界

蝙蝠直觉性地将所有收集到的数据自动传到脑子里，就像人类把耳朵和眼睛收集到的所有视听数据传到脑子里一样。学者们认为，蝙蝠会在大脑中产生回声定位图像，类似于人类基于视觉在大脑中形成的图像。那么，与蝙蝠相比，夜魔侠脑中的图像又是怎样的呢？

第四部分 怪　物

马特·默多克的力量不仅仅是基于回声定位。夜魔侠的技能是源于一种专注处理雷达类数据的能力。比起正常人，他还能闻到和感受到更多的信息，正是因为他将所有这些感官的信息综合起来，这才形成了他打击犯罪的天赋。当然，回声定位技能可能是第一位的，因为它能够定位敌人，但随后就要靠其他各种力量来描绘出他脑海中那张火海中的世界地图了。

为什么不在家里试着做一做你自己的夜魔侠实验呢？试着闭上眼睛，在你的生活空间里走来走去。即使你的实验最后可能以撞到头而告终，但在撞头之前，你可以慢慢体会在房间里移动时的感觉。当你靠近另一个物体时会感到相当不安，这是身体在警告你即将撞到什么东西了。这种现象过去被盲人称为"面部视觉"，意思就是当附近有东西时，脸上会感觉到一种压力。学者们认为，这些盲人会将感官数据解读为触觉压力，并感觉出自己即将撞到什么东西。从这一点上可以瞥见人类成为夜魔侠的可能性。

当想到夜魔侠的能力时，值得注意的是，大多数人拥有的感知不仅仅是众所周知的五感，即味觉、视觉、触觉、嗅觉和听觉。让我们再做一个实验。闭上眼睛，把手放在脸的前面。你可以感觉到手就在你面前。这种感觉被称为本体感觉，它是能够超越五感的感觉之一。这些潜在的感觉正是夜魔侠必须学会的技能，是他感知周围环境的数据流的一部分。

为了更好地了解现实生活中的夜魔侠，我们可以考虑一下美国回声定位专家、世界盲人通道组织（WAFTB）主席丹尼尔·基什的案例。基什是一位盲人，但他可以自由地骑着自行车穿过他居住的社区。基什教别人如何进行回声定位。他在《卫报》的一篇文章中解释道："如果你把一本书举在面前打个响指，然后把它拿走后再打个响指，你会听到不同的声音，就像你在一个空房间里一样，因为打响指是有回声的。我在大学时写了一篇关于回声定位的论文，在我的研究过程中，我必须有意识地解构我自己是怎么做的，以便理解这个过程。我知道在我面前有一堵墙，我会想，到底是什么给了我这个信息的呢？我会给自己设定任务，努力让自己在障碍物之间的路径上越走越快。"学者们在对丹尼尔·基什这样的人进行大脑扫描时发现，当他们打着响指并倾听打响指的回声时，在他们的大脑中，不仅仅是听觉区域，视觉和空间处理的区域也会亮起来。正如基什所说："我把教盲人儿童如何使用回声定位增强自己的能力作为我一生的工作，我称之为闪光声呐。随着你慢慢长大，你也会更精准、更自然地打响指，就像眨眼一样，所以，你周围的人一般不会发现你在做这件事，你也不会因此而受到歧视。现在我可以沿着繁忙的街道骑行，也可以在树林里走小路。我从来没有撞到过行人，因为我不在人行道上骑车。汽车是种很好的回声目标，所以我可以很容易地避开它们。我不会说我从来没发生过事故，每一项活动都是有风险的。我并不想跟高峰期的交通打交道，但如果我想的话，我就能做到。"

因此，学术研究表明，人类大脑具有足够的可塑性，它可以转换工作方式，重新解读数据，换一种感官去感知相同的数据。我们的大脑可以让盲人比大多数人更类似于夜魔侠。但是，如果想要拥有夜魔侠的忍者战斗技能，那还得加上训练。从一个非常真实的意义上说，所有的人类都有潜力成为夜魔侠。人们需要做的只是给大脑重新做一点布线，然后它就会发生改变，变得能做出如某些超级英雄所做的不可思议的事情。正如丹尼尔·基什所说："任何人都可以做到这些，无论是视力健全的人还是盲人——这不是什么困难的事情。"

卢克·凯奇的皮肤为什么坚不可摧?

"一个进了希捷监狱的名为卡尔·卢卡斯的囚犯接受了一项科学实验。当一个狱警乱碰了实验机器之后,卢卡斯身上突然产生了某种超能力的副作用!也就是说,他突然有了超强的力量以及坚不可摧的皮肤!卢克·凯奇就此诞生了。"

——《卢克·凯奇》第一季,《雇佣英雄》

"这份责任大于你,也大于我。人们会害怕,但他们不能被这种恐惧所麻痹。你必须每天都为正确的事情而战,不管你的皮肤是否能防弹。你不能因为生活让你变得苦涩,你就不揭发恶行,转身离开或接受桌子下面递来的封口费。人们从什么时候开始变得如此漠不关心了?哈莱姆区本应代表我们的希望和梦想。它应该是世界的一盏明灯。我们有责任向前推进,让下一代比我们走得更远。"

——《卢克·凯奇》第十三集,《我的风格》

"身体器官并不像大脑或心脏那样,全都是在身体内部的。我们的体表就有一件我们穿在外面的器官。皮肤是我们最大的器官——成年人身上有大约3.6千克重、面积约2平方米的皮肤。这种血肉质地的覆盖物的作用不仅仅是让我们看起来更体面。事实上,如果没有它,我们真的会被蒸发。皮肤能够起到防水和隔热的作用,保护身体免受极端温度、损伤人体的阳光和有害化学物质的伤害。"

——"皮肤"词条,《国家地理》杂志

卢克·凯奇是第一位在漫画书中扮演主角且主角与书同名的黑人超级英雄。他还有另一个身份,卡尔·卢卡斯。他于1972年由漫威漫画公司创作,最初是为城市中的黑人群体制作的,但其吸引力很快就超越了种族和民族的边界。卢克的能力来源于科学。实际上,当他被做实验之前,卢克·凯奇就是一名出色的街头斗士和天才运动员。他的超能力是细胞再生实验的结果,这一实验大大增强了他的身体素质。他突然之间拥有了超人的力量和耐力,他的身体对伤害产生了很强的抵抗力。尤其是卢克的皮肤对子弹、化学和生物攻击以及极端温度和压力都具有抵抗力,这些都不会在他身上留下任何持久的伤害。

人们一般会把卢克坚不可摧的超能力归因于他极其致密的皮肤和肌肉组织,但这一点却不可能是卢克力量的来源。在同样体积的卢克皮肤中增加更多的质量,以此来增加皮肤密度,这样做对于卢克的力量没有任何作用。密度等于质量除以体积,所以增加卢克身体密度的有效方法就是增加他的质量。这会增加他皮肤的重量,如果有什么不同的话,那这样做只会让卢克变得更加笨重,让他不得不穿着连帽衫在哈莱姆的街道上笨重地徘徊。

宇航员卢克

在《卢克·凯奇》剧集中,我们的超级英雄既拥有令人难以置信的力量,又拥有难以穿透的皮肤。有一次,有人拿着一支猎枪对着他的脸开了一枪,各种各样的火炮在他身边开火,但他都幸存了下来。那么,当这些密集的枪声在他身上响起时,卢克的皮肤必须有多强,才能挡得住子弹呢?是什么科学秘密,让他的皮肤变得如此坚不可摧呢?

现在,我们来说说人类皮肤。人类皮肤分为三层:表皮层、真皮层和皮下组织。最

第四部分 怪 物

外面的表皮层是一层防水屏障，也决定了我们的肤色。表皮下的真皮层包含着坚韧的结缔组织、基质和细胞。而深层的皮下组织则由脂肪和纤维质构成。那么对于卢克·凯奇来说，子弹能打入他的皮肤多深呢？

子弹通过在皮肤的某一点上集中施加压力而进入身体。由于皮肤受到的压力是子弹作用在皮肤特定区域上的力，因此卢克的皮肤必须足够坚韧，才能抵抗子弹试图穿透皮肤的力，所以我们需要计算出皮肤需要有多坚韧，才能让子弹无法穿透。

世界上最常用的子弹之一是直径9毫米的子弹。这种子弹有很多种，其平均质量约为8克，从枪中射出后，这种子弹的速度约为350米/秒。卢克的皮肤必须足够坚韧，才能够让9毫米的子弹在他皮肤中的某个地方，比方说一根头发宽的地方停下来，这样子弹就不能穿透他的身体，对他的内脏造成严重破坏。

根据子弹的速度，并在穿透一根头发的宽度后停下来的条件进行计算，卢克皮肤的强度能够抵御每平方米20亿牛顿的力。现在，你可能想知道，1牛顿的力到底是什么感觉。一个常用的测算方法是，一个普通苹果的重量约为2牛顿。所以，卢克·凯奇的皮肤坚韧到了可以承受每平方米10亿个苹果的重量！

如果卢克要想变得坚不可摧，那么，他只需要像个宇航员一样。

这样说的原因是因为尽管抵御20亿牛顿的力听起来是个超难的任务，但已经有一种材料具有科学家们所说的极限抗拉强度，能够抵抗如此巨大的压力。这种材料的极限抗拉强度超过了蜘蛛丝，甚至超过了钻石，它被称为芳纶纤维。在之前我们谈到了微陨石的碎片——就是在2013年电影《地心引力》中那种冲向桑德拉·布洛克的碎片——在地球轨道上的运动速度。这些微陨石的运动速度比飞过的子弹还快，高达8千米/秒，它们是在轨工作的宇航员们必须防御的危险。能够保证宇航员安全的首选材料是芳纶纤维。当宇航员们从地球的蓝色天空被发射上升到黑色的太空时，他们需要穿上一些"严肃的装扮"。现今的宇航服被称为EMU（舱外机动装置），所有的太空探险家们都穿这种宇航服。这种宇航服厚达13层，每件成本高达1200万美元。其中，关键材料使用的就是芳纶纤维，这种纤维材料也用于制造防弹背心。

是什么物质让芳纶纤维具有极限抗拉强度的呢？答案很简单，是碳。碳是地球生物的基础，它能够和各种其他与生命相关的元素相结合，形成更长更复杂的生命相关的化学结构，例如蛋白质或者DNA。

碳具有的化学性质使它能够形成名为聚合物的长分子链。芳纶纤维就是一种长分子链状的聚合物，由称为单体的重复单元组成。芳纶纤维是由一组平行排列的分子组成的，样子有点像一捆没煮熟的意大利面条。这种不相互缠绕的分子系统被称为晶体结构，芳纶纤维聚合物中链条的结晶度对其独特的强度和刚度有很大贡献，其使得这种材料具有了防弹的功能。

应该有人花点时间往卢克·凯奇的故事背景中织入一点芳纶纤维。也许，在诺亚·伯恩斯坦或其他疯狂医生进行的实验中，卢克的皮肤层内莫名其妙地合成了一种类似于芳纶纤维的聚合物，使他的皮肤变得坚不可摧。

绿巨人怎样应对自己的体重?

"原子非常小,一亿个原子首尾相连起来也不过就像你的小指尖一样大。其中的原子核还要更小,这也是人们花了这么长时间才发现原子核的部分原因。然而,原子的大部分质量都集中在原子核中,相比之下,电子不过是移动的蓬松的'云'。原子的大部分都是空无一物的空间。物质主要由'无'组成。"

——卡尔·萨根,《宇宙》

"我是一个名字叫作卡尔·萨根的水、钙和有机分子的集合。你是一组几乎相同的分子集合,只不过分子集合的标签不同。但这就是我们的全部了吗?我们身体里除了分子就什么都没有了吗?有些人觉得,这种想法有损于人的尊严。就我自己而言,我们的宇宙允许像你我这样复杂而微妙的分子机器得以进化,这让我感到振奋。"

——卡尔·萨根,《宇宙》

"物理学家以原子的方式来思考关于原子的问题。"

——乔治·瓦尔德,《宇宙中的生命与智慧》

在美国和日本的怪兽电影时代,漫威漫画公司被称为巨型怪兽的印刷厂,如《X:活着的东西》《它:活着的巨像》和《戈尔:杀死活着的恶魔》等漫威漫画中充斥着各种巨型怪物。之后，到了 1961 年末，怪物们被超级英雄所取代了。但即使是现在，漫威漫画公司也没有放弃这类怪物题材，通过《绿巨人》和《神奇四侠》，它成功地将两种题材类型融为一体。

"有史以来最奇怪的人！""他是人，还是怪物，还是两者皆是？""你肯定会喜欢的传奇故事！"这是《绿巨人》第一卷封面上的宣传语。新的热点趋势是具有一部分怪物属性的人类。让我们快进到充满电影特效的 21 世纪，我们看到，在漫威漫画公司 2012 年出品的大片《复仇者联盟》等电影中，布鲁斯·班纳仍会变身为绿巨人。但是，正如班纳博士这样的一流科学家所提问的那样，变身所变出来的这些额外质量又是从哪里来的呢？让他变身成为巨型怪物的物质来源到底是什么？

班纳的基本信息

让我们来考虑一下与班纳变身为绿巨人相关的基本信息。

在物理学中，有一条质量守恒定律，即质量既不能被创造，也不能被消灭。以任何一个独立系统为例，这个独立系统由一个能够阻止物质及能量外溢的边界所界定。这个系统可能是一滩水，是整个宇宙，或者是布鲁斯·班纳本人。但是，在每个系统边界的内部，质量（也可以被看作是物质，或者是能量）既不能被创造，也不能被消灭。

水是一个很好的基础例证。水是由氢原子和氧原子组成的，它们的数量比例为 2:1。假设我们有 10 克水。现在，无论水是沸腾后变成蒸汽还是结成冰，它都还是 10 克——10 克蒸汽，或者 10 克冰。简而言之，构成水的粒子质量保持不变，只有粒子的状态发生了变化（水变成了蒸汽，或者变成了冰），这只意味着它们的紧密性、排列方式或运动方式发生了变化。而布鲁斯·班纳，据我们所知，就是一个独立系统。根据质量守恒定律，班纳的质量不会因为他变身成绿巨人时的体型变化而改变。要把绿巨人比作纸杯蛋糕似乎对他是一种亵渎——尽管如此，还是让我们姑且这么打个比方吧。如果有一位面包师，正在使用《漫威超级英雄烹饪手册》，那么他一定会知道，当烘焙出一个蓬松的纸杯蛋糕时，尽管烤出来的美味蛋糕比放入烤箱时的蛋糕浆要大得多，但烤制前蛋糕浆的质量仍然等于烤好的蛋糕质量，或许还要再加上一点烘焙过程中蒸发掉的水分。

从纸杯蛋糕再回到绿巨人，这个规则也同样适用。比方说，在《复仇者联盟》中，班纳博士大约有 1.8 米高，而绿巨人大约有 2.7 米高。不用纠结确切的尺寸，在这里关键点在于班纳变身为绿巨人的化学方程式。在化学变化中，分子相互反应，形成新的结构，所有的化学物质都应该被考虑在内。在这里，我们所需的放大倍数是 1.5 倍，也就是班纳的 1.8 米和绿巨人的 2.7 米之间的差异。

平方，变大

接下来，我们需要调用一下平方 - 立方定律。这个数学定律解释了当物体体积增加或减少时，其表面积与体积的变化情况。一般来说，这个定律被认为是由意大利著名的物理学家伽利略发现的，这个发现至少可以追溯到 1638 年。根据这个定律，随着物体表面积增加，其体积则会增加得更快。这条定律可以用在很多地方，例如可以用来解释为什么大象比老鼠更难让身体降温，以及为什么全球的工程师都会发现，建造更高的摩天大楼越来越困难。

平方 - 立方定律也适用于绿巨人。当班纳从 1.8 米高膨胀到 2.7 米高时，他的体积将是他正常时体积的 3.375 倍（1.5×1.5×1.5=3.375），因为班纳在变身为绿巨人时会以三维的形式膨胀。那么，班纳的体重会发生什么变化呢？一个人的质量等于他的密度乘以他的体积。班纳的体积增加至 3.375 倍，这意味着，如果我们假设他的密度保持不变，那么他的质量肯定增加了。不过准确地说，当超级英雄班纳变身成为体型巨大的绿巨人时，基于他的密度存在着两种可能性。第一种可能性是，班纳的密度降低了，而他的体重保持不变，当班纳膨胀成绿巨人时，由骨骼和血肉构成的人类身体会变化成类似于恐龙巴

第四部分 怪 物

尼（美国著名儿童动画片中的角色）那种轻飘飘的体质。第二种可能性则是班纳的长、宽、高都变为了原来的 1.5 倍。这就是说，班纳原本作为人类的体重，比如说 90 千克，突然变成了原来的 3.375 倍，也就是 304 千克，约 1/3 吨重！在这种情况下，班纳的骨头所面临的危险是直接骨折而不仅仅是弯曲，他的肌腱也将面临撕裂的风险。

第二种可能性看起来远比第一种可能性更合理（尽管第一种更符合质量守恒定律），所以，难怪铺路的石头会在绿巨人如此巨大的重量下开裂，难怪他会踩坏他所到之处的每一片草坪，也难怪他必须买到那种在自己变身后还能裹在屁股上的超级裤子。而且，假设绿巨人的身体功能仍然跟哺乳动物一样，那么他的心脏也必须更加努力，因为它需要为相当于原来 3.375 倍大的身体周身泵送足够的含氧血液。这意味着他需要消耗更多的卡路里来获得更多能量。我们来计算一下，一个相当活跃的成年男性平均每天卡路里摄入量约 3000 大卡，但如果其体积增加至 3.375 倍，那么他每天的卡路里摄入量将达到惊人的 10000 大卡！这就是说，他每天要吃下 18.5 个巨无霸汉堡、36 个士力架或 67.5 份玉米片。或许，我们的英雄每天得花太多的时间用来往嘴里塞满食物，以至于他几乎没有时间来打击犯罪了。幸运的是，这种变身状态只是暂时的，这一段分析只是说明了，绿巨人变身的时候变化的可不仅仅是身高。

关于骨头和血肉的事情就说这么多吧。那些把身体变成石头的主角们又是什么情况呢？好吧，正如我们在这个主题开始时所说的，宇宙中所有的东西都是由原子组成的。原子排列形成各种元素。著名的化学元素周期表就是按元素排列的，每一种元素原子核中质子的数量都不同。首先是氢元素，它只有一个质子；然后是氦元素，有两个质子；再然后是锂元素，有三个质子，这样按顺序排列下去。这三种元素是唯一诞生在宇宙大爆炸中的元素，或者说理论上是这样。

但是，一个人类主角又是如何经过一次大爆炸变身成一个由沙子和石头构成的超级英雄呢？我们最常见的沙子的主要成分是二氧化硅。许多岩石的主要成分都是硅酸盐，是由硅和氧组成的。我们的身体则是由 65% 的氧、18% 的碳、10% 的氢和 7% 的许多其他元素组成的。人体中只含有 0.002% 的硅元素。既然化学反应只不过是构成物质的元素所进行的重组,那么当主角变身时,那些构成超级英雄完整形体的岩石和沙子中额外的硅元素到底是从哪里来的呢?

  核聚变可以做到这一点,但与其说核聚变是一种普通的涉及电子的化学反应,不如说它是一种物理学上的平衡,通过改变原子中心的原子核来改变元素本身。这种核聚变反应需要大量的热能,宇宙中唯一自然发生的核聚变就位于恒星的核心处。因此,为了让身体中的原子在一瞬间发生聚变,我们的超级英雄的核心温度需要比太阳更热。旁观者会经历一场核爆炸,变身中的超级英雄本质上就是一个移动的核熔炉,他会辐射到每一个危难中的少女,并蒸发他试图拯救的每一个人。